novum premium

DANIEL **BOSSHARD**

PASSEPARTOUT

novum premium

Bibliografische Information
der Deutschen Nationalbibliothek:

Die Deutsche Nationalbibliothek
verzeichnet diese Publikation in
der Deutschen Nationalbibliografie.
Detaillierte bibliografische Daten
sind im Internet über
http://www.d-nb.de abrufbar.

Gedruckt in der Europäischen Union
auf umweltfreundlichem, chlor- und
säurefrei gebleichtem Papier.

ISBN 978-3-99130-294-0
Lektorat: Tobias Keil
Umschlagfotos: Elinal,
Shutter999 | Dreamstime.com
Umschlaggestaltung, Layout & Satz:
novum Verlag
Innenabbildungen siehe
Bildquellennachweis S. 6

www.novumverlag.com

Climate neutral
Print product
ClimatePartner.com/16547-2201-1002

Inhaltsverzeichnis

Bildquellennachweis:
S. 13 © Elena Schweitzer I Dreamstime.com, S. 14 © Bobbrooky I Dreamstime.com (oben), S. 14 © Smiltena I Dreamstime.com, S. 20 © Allnaturalbeth I Dreamstime.com, S. 21 © Ratz Attila I Dreamstime.com, S. 65 © Inara Prusakova I Dreamstime.com (oben), S. 65 © Dragon345 I Dreamstime.com, S. 69 © Piyapong Kooviratana I Dreamstime.com (oben), S. 69 © Katyspichal I Dreamstime.com, S. 74 © Elina Zolotareva I Dreamstime.com (oben), S. 74 © Artem Bruk I Dreamstime.com, S. 75 © Vchalup I Dreamstime.com, S. 174 © Libux77 I Dreamstime.com

Kurzbeschrieb: Der Generalschlüssel Für Deine Persönlichkeitsentwicklung

Die meisten Menschen stellen sich die falsche Frage: „Was kann ich im Außen Tun, um mein Leben zu verbessern" ... die richtige Frage ist aber: „Was kann ich in mir drin Tun, um mein Leben zu verbessern?"

Von innen nach außen, der Rest kommt danach wie von selbst.

Dieses Buch habe ich auf der Basis von meinen 15 Jahren Erfahrung und intensiver Auseinandersetzung in allen wichtigen Bereichen der Persönlichkeitsentwicklung aufgebaut. Es soll für alle eine Möglichkeit bieten, die bis jetzt schon Wege ausprobiert haben, sich in gewissen Bereichen ihrer Persönlichkeit zu verbessern oder zu verändern, bei einem gewissen Punkt angekommen sind, aber dann wieder aufgegeben haben. Es ist ein Bindeglied und ein Wegweiser, um sich in der extremen Vielfalt an Entwicklungshilfen zurechtzufinden oder auch eine notwendige Strategie aufzuzeigen, der sogenannte rote Faden, der sich durch die gesamte Persönlichkeitsentwicklung zieht, die dich bei Einhaltung des Weges vor erneutem Scheitern bestimmt bewahren wird. Es ermöglicht dir alle deine Vorhaben, die privaten Vorhaben wie beruflichen Vorhaben und natürlich auch deine finanzielle Absicherung zu erreichen und somit alle Vorstellungen oder noch besser ausgedrückt deine Träume zu verwirklichen.

Somit geschieht alles zusammen in einer angenehmen Form, anhand des beschriebenen Weges im Buch, einer noch unbekannten Methode und deren Vorgehensweise. Innerhalb von nur 2 Jahren, erschaffst du dir damit ein solides Fundament. Für jedes Thema bezüglich Persönlichkeitsentwicklung gibt es bereits sehr gute Bücher, mit den perfekten Beschreibungen, wie man die Themen behandeln kann, sei es Veränderungen oder ganz von Neuem starten und sich innere Stärke erarbeiten. Es soll eine Verbindung entstehen von meinem Buch und den Büchern, die du bereits kennst, oder Büchern, die dich neu ansprechen, diese im Einklang verschmelzen lassen, womit du arbeiten kannst. Mein Buch soll alles zusammenfügen und zeigt einen Weg, wie sich alle Themen verbinden und vernetzen lassen, dass dir weder dein Innen noch dein Außen nach spätestens 2 Jahren nicht mehr in die Quere kommen können. Es wird sicher auch kein Zuckerschlecken und deine Komfortzone wirst du auch weiterhin ab und zu verlassen müssen, um erfolgreiche Schritte begehen zu können. Jedoch nach meiner Erfahrung auf meinem Weg ist es mit der Einhaltung des Weges wie eine Erlösung, die sich exponentiell entwickelt hat nach einer gewissen Zeit. Das Spannende dabei ist, dass man seit der Steinzeit über die großen Philosophen bis heute immer sehr viele Parallelen findet, die Frage ist nur, wie offen bist du dafür dies zu erkennen und für dich zu nutzen. Sehe dieses Buch als GPS deiner Persönlichkeitsentwicklung.

Das Buch: Vorwort

Wer ist Daniel Bosshard? Das ist ganz einfach, es ist ein Name aus Millionen, nichts Besonderes, ein Mensch wie jeder andere und ich habe ein Buch geschrieben, wobei ich auch kein Rad neu erfunden habe. Das Buch enthält auch keine Zauberformel, die dich wie von Zauberhand nur mit Lesen alles erreichen lässt, was du dir wünschst (im Sinne wie ein 6er im Lotto zu gewinnen). Es ist aber eine ergänzende Hilfe für deinen Weg, welche dich in der extremen Vielfalt an genialen Sachbüchern, Ratgebern, Persönlichkeitsentwicklungsbüchern unterstützt, wie auch noch viele andere Themen-Bücher, die dich vielleicht bereits inspiriert haben in deinem Werdegang. Es dient sozusagen als helfende Hand, dich darin zurechtzufinden. Also einfach gesagt, es kann dir als Landkarte dienen, wenn du es zulässt, als Wegweiser auf deinem Weg, in der richtigen Reihenfolge und Strategie, als Generalschlüssel (Bedeutung von Passepartout), aller dir bis jetzt verschlossen gebliebenen Türen auf dem Weg zu deinem besten ICH. Das heutige Leben bietet alle Facetten wie auch Möglichkeiten und wir leben unter den besten Voraussetzungen, um uns jedes Wissen anzueignen, das wir benötigen. Um sich jedoch darin in die richtigen Bahnen zu lenken, den richtigen Weg uneingeschränkt beschreiten zu können, braucht man eine klare wie auch zielorientierte Strategie. Ein weiteres Problem ist, dass man sich schnell verliert und überfordert ist, mit dem Überfluss an Büchern und Hilfen, vor allem im Internet und sozialen Medien, man wird überflutet. Daher entstammt der Name dieses Buches PPTT (Abkürzung für Passepartout), was bedeutet ein Generalschlüssel, der dir alle Türen öffnen kann. Dieser ist auf dem Frontcover bildlich dargestellt. Der Schlüssel geht durch eine Krone, als Hinweis, weil ich das Buch während des Corona Lockdowns 2020 zu schreiben begonnen hatte, somit intensiver Zeit bekam mich selbst zu reflektieren, welches auch der Anfang von meinem eigenen Erfolg widerspiegelt. Der Hinweis vom Schlüssel gilt hier als Türöffner zu den inneren Widerständen, um sie loszuwerden mit der richtigen Vorgehensweise. Es ist sozusagen der goldene Weg, bedeutet der sogenannte rote Faden, der sich durch alle Themen der gesamten Persönlichkeitsentwicklung zieht, und bietet somit jeder Thematik, die hinter einer verschlossenen Türe = Blockade liegt, eine Möglichkeit einzutreten, man öffnet die Türen, geht hindurch in die Befreiung dieser Thematiken. Jeder hatte bis heute in seinem Leben mehrere Lehrer oder vielleicht auch Coaches und sicherlich bereits einen Chef vor der Nase. Ohne diese Helfer mit ihrem Wissen das sie uns Vermittelten, wären wir heute ziemlich sicher nicht dort, wo wir stehen, nicht auf unsere Leistung bezogen, denn diese bringen wir, sondern als Richtungsweiser, denn die Coaches, Lehrer oder Chefs auf unserem Weg, haben uns gewisse wichtige Werkzeuge an die Hand gegeben und vielleicht auch gewisse entscheidende Wege aufgezeigt für unsere Entwicklung, so dass wir uns eine Richtung aussuchen konnten (also auch sie waren Türöffner). Jedoch auch ab da waren wir alleine verantwortlich, was und wie viel wir daraus gemacht haben, das Resultat aus allen Entscheidungen in deinem Leben ist dein aktueller Ist-Zustand. Und wer dieses Buch liest, ist wahrscheinlich auf der Suche nach mehr, nach Wegen mehr erreichen zu können. Lasse dich auch überzeugen von den in diesem Buch erwähnten Autoren, finde die Parallelen zu meinem Weg des Passepartout. Nehme dir die Zeit und reise zurück in die Antike über das goldene Zeitalter (aus der antiken Mythologie), bis heute. Öffne dir diese Zeiten und erkenne, dass es um genau das, in diesem Buch Beschriebene bereits damals ging. Ich bin überzeugt, wenn du es beim ersten oder zweiten Mal lesen und vergleichen noch nicht erkennen kannst, wird es spätestens beim dritten oder vierten Mal erkennbar für dich und es bestätigen sich meine Aussagen. Lasse dich nicht mehr bremsen und verwirkliche dich und deine Träume, lasse sie Wirklichkeit werden. Ich kann es nicht für dich machen, aber sehe mich als Coach, der diesen Prozess durchlebt hat mit gewaltigen Erfolgen, hauptsächlich im Innen, somit bin ich da, wo ich dich hinbegleiten möchte: zur grundsoliden Basis deines Seins. Ich gebe dir hier nur das Werkzeug an die Hand, hole das Beste für dich heraus. Die meisten Menschen, zu denen auch ich mich dazuzähle, bis Dezember 2020, haben das Problem, dass sie sich zwar positiv beeinflussen lassen, euphorisch auf die Thematiken der Bücher eingehen und sich mitreißen lassen, dies dann aber leider meistens ziemlich schnell wieder verpufft oder im Sande verläuft, weil wir zu früh aufgeben. Warum passiert das, diese Frage stellte ich mir jahrelang, bis ich im Dezember 2020 darauf gestoßen bin. Mit der folgenden Vorgehensweise kannst du an den Stellen weiterkommen, wo du bis heute hängengeblieben bist.

Schnellübersicht: innerhalb von 2 Jahren, erstmal das Leben entschleunigen, runterfahren, dann resetten und auf null stellen, bereinigen von Negativem, stabilisieren, Körper, Geist und Seele in eine optimale Balance bringen wie auch Klarheit schaffen, Fokus rein auf positiv setzen, Dankbarkeit ausleben, allen Menschen wohlwollend begegnen, Gesundheit im Fokus, Absichten rundum zu 100 % auf dich anpassen, Zwischenziele setzen und ein solides Fundament erarbeiten.

Das ist der goldene Weg des PPTT zur inneren titanischen Stärke!

Bist du einfach
oder
willst du Sein

– Daniel Bosshard –

Im Normalfall, wenn man keinen klaren Weg hat, den man nehmen kann, also du sozusagen die Stadtkarte von Köln hast oder einen Teil davon und in Frankfurt verwenden würdest, dann hast du zwar die Landkarte mit Straßen und Wegen darauf, jedoch wirst du vielleicht nicht das finden, was du zu finden glaubst, Sackgassen vorfinden, denn die Wege stimmen nicht, du musst Riesen-Umwege machen und irgendwann gibst du mit großer Wahrscheinlichkeit auf. Das bedeutet, ohne klare Strategie und Leitweg wird es auf Dauer schwierig sich zu motivieren und sich nicht von einer Sackgasse aufhalten zu lassen. Einerseits sind es fehlende Disziplin und Beharrlichkeit, andererseits das fehlende Verständnis, was uns in die Quere kommt. Weiter erscheint der Punkt, der uns die größte Last nehmen kann und unsere Sinne schärfen lässt bei Anwendung, es ist das Ablegen von allem Ballast, den wir an und vor allem in uns tragen.

Hier musst du dir deine eigene Landkarte gestalten, anfangen von ganz vorne, einen Weg nach dem anderen nehmen, um so zu dir zu finden, mit den Hilfen, die du jetzt in der Hand hast. Doch dieses Mal in der richtigen Reihenfolge nach Plan, so wird es funktionieren, diese Erfahrung hat sich mir bereits offenbart und erfüllt. Für mich wurde auf dem Weg klar, was passiert bei Blockaden und warum sie passieren, bei denjenigen, die zu früh aufgeben. Denn ich kannte ja ab diesem Zeitpunkt beide Seiten, die Situationen zuvor mit den Blockaden und die ohne Blockaden, weil die Wandlung mit der Anwendung von PPTT gerade mal 3 Monate dauerte, bis ich innerlich bereits ein ganz anderer Mensch war. Das Aufgeben ist in erster Linie das Problem der langen Dauer der Prozesse und der ausbleibenden Erfolgserlebnisse dahinter. Das zweite Problem ist, dass es sich meist nicht nur um das eine Thema handelt, sondern es gibt in sehr vielen Bereichen deines Seins kleinere oder auch größere Probleme, die dich ständig demotivieren, depressiv werden lassen oder eben auch sinnbildlich gesprochen: „dich den Wald vor lauter Bäume nicht sehen lassen", oder anderes Beispiel „dein Estrich ist so voll", sodass du nicht weitermachst ... Oder noch ein weiterer Ausdruck, „der gesamte unüberschaubare Aktenschrank deines Lebens im Kopf, gefüllt mit negativen Gedanken" steht dir im Weg. Alles Ausdrücke, die einem ein Bild vermitteln können, was Ballast bedeutet.

Mit einem dieser drei Beispiele ist wohl jedem klar, was damit gemeint ist und wenn es noch nicht klar sein sollte, dann schaue dir die Bilder dazu an. Denn was klar ist, wenn man in sich geht, sich sein ganzes Leben vor Augen führt, was da alles bereits Blockaden in einen ausgelöst hat, kann einem vielleicht ansatzweise bewusst werden, wie viel unverarbeiteter Ballast in unserem Unterbewusstsein verankert ist und wir nie wirklich verarbeitet haben.

Beispiele:

Finanziell stehst du ständig irgendwo an (mental gesehen blockierst du dich), du hast vielleicht sogar Schulden oder sonstige Geldsorgen, Ängste diesbezüglich. Dich belastet ein familiäres Thema oder eines mit deiner Freundin, was dir ständig im Kopf herumschwirrt. Du fühlst dich missverstanden oder unbeachtet. Mit deinem Körper bist du ständig unzufrieden. Auch mit dem Ernährungsplan kommst du nicht voran. Oder mit deiner Gesundheit bist du ständig am Kämpfen, ständig erkältet, irgendwelche Schmerzen, Frustrationen, Depressionen, Aggressionen usw. Dann bist du mit deinem Job unzufrieden und hast keine Zukunftsaussichten. Du hast ständig Stress mit deinem Chef oder Arbeitskollegen. Du bist ständig für Mitmenschen da und kommst nicht dazu, Zeit für deine eigenen Interessen zu finden, dazu steht dir deine Ungeduld auch immer wieder im Weg. Im Allgemeinen hast du zu wenig Zeit allem gerecht zu werden, auch dir gerecht zu werden. Und es gibt noch tausende solcher Beispiele, denn uns kommen ständig andere Dinge in den Weg, dass wir zum Schluss aufgeben oder gewisse Dinge auch als Ausrede nutzen, um aufzugeben. Außenreize lenken dich ständig ab und wenn du dich gerne ablenken lässt (was bei mir zuvor auch oft so war), dann solltest du dies auch in den Griff bekommen. Alle diese Probleme, die sich ansammeln, und die daraus entstehenden Blockaden sind so gewaltig und bei den meisten unüberschaubar. Ohne einen klaren Weg, einen Wegweiser als Hilfestellung ist es fast unmöglich aufgrund dieser nicht irgendwann aufzugeben.

Genau das kann alles mit der Hilfe des PPTT umgangen oder unterbunden werden, weil du alles im gleichen Zug angehst (hier öffnet man bis dato verschlossene Türen), genau nach der richtigen Strategie, mit der richtigen Landkarte von dir, deinen Interessen und in allen dir wichtigen Bereichen, als Zeitmillionär mit den 2 Jahren, die du für dich nimmst. Dies über Loslassen und Vergeben im Innen und Außen, durch tägliche Fortschritte und Erfolgserlebnisse, beim einen Thema schneller, beim anderen vielleicht weniger schnell, jedoch fortlaufend und stetig, wenn du dich zu 100 % darauf einlässt. In diesen Prozessen entwickelt man ein unerschütterliches Vertrauen in sich, das einem keine Grenzen mehr setzen wird für die Zukunft. Konstantes Lernen und Wachsen werden zu einem normalen Bedürfnis, man spürt das wohlige Gefühl daraus und es ist in keinem Moment mehr ein Gefühl vorhanden, als müsste man sich dazu überwinden, es ist einfach ein Teil von uns und fließt. Was ich aber auch noch erwähnen möchte, auch zukünftig wird man mit Negativem weiterhin zu kämpfen haben, jedoch passt die Dosierung und unsere innere Stärke hat kein Problem mehr damit umzugehen, dies ist die notwendige Balance, die auch zur Charakterbildung dient, ein harmonisches Zusammenspiel. Je mehr Reichtum im Innen, der durch innere Freiheit entsteht, desto mehr im Außen, denn mit dem inneren Wachstum folgt das äußere automatisch.

Nehmen wir hier die Beispiele von den Vorsokratikern aus den goldenen Zeiten von Athen, der großen Philosophen, den Anfängen der Philosophie, von den Freigeistern dieser Zeit und entscheidenden Wegweiser, die wir vor allem heute nutzen können. Heute mit dem Wissen und der Offenheit allem gegenüber, es braucht lediglich Gleichgesinnte, um Befürworter zu finden, die diese große Chance nutzen wollen und das möchte ich mit meinem Weg bezwecken, in Verbindung mit dem Wissen der großen Philosophen im Rücken, die bereits ihrerseits Klarheit schafften. Es ist heute so und es war bereits damals so, diese Gewissheit könnt ihr für euch entdecken.

Um sich in die Zeit zurückzuversetzen, wo es richtig zum Tragen kam, erst war Heraklit etwa zur gleichen Zeit Konfuzius, dann Sokrates, danach Platon und Aristoteles, ihre Vorfahren Thales und Pythagoras waren auch bereits Wegbereiter zuvor, dann kam Seneca zu Christus' Zeit und Epiktet kurz danach, Mark Aurel war dann auch noch von 121 bis 180 nach Christus in der Zeitrechnung, welche alles Wegbereiter und wichtige Wegweiser zu unserem besten Ich waren. Es geht darum ihre Ansichten zu verstehen und sie auf uns wirken zu lassen, mit der heutigen Zeit, zeitgemäß zu erfassen, zu verbinden und dann umzusetzen in der richtigen Reihenfolge, mit der Hilfe von PPTT.

Die Sokratische Methode, der Stoizismus, die Ethik wie auch Rationalismus und Empirismus sind alles Begriffe, die dem einen oder anderen vielleicht bereits bekannt sein könnten, jedoch intensiv auseinandergesetzt haben sich nur die wenigsten wirklich damit. Aristoteles' Ziel mit seinen unaufhörlichen Fragen über alle Bereiche und Themen war es, einen Mittelweg zu finden, eine ausgewogene Balance ohne Extreme, also dass jeder Mensch eine Basis finden kann ausgeglichen zu leben, ohne in diese Extreme zu verfallen, auch „Eudaimonia" genannt.

Das goldene Zeitalter, der sogenannte Idealzustand in der damals beschriebenen antiken Mythologie, alles friedlich, man hatte alle Zeit der Welt, Menschen perfekt in ihre Umwelt eingebettet, keine Kriege, keine Verbrechen und Laster, nur Liebe und Frieden, jeder konnte seine Ziele anstreben und verwirklichen ohne inneren Ballast. Was für eine wohltuende Vorstellung oder … ! Klar, wird es nie so sein in der Realität, jedoch können wir den Idealzustand in uns drin erreichen, der in etwa so aussehen kann. Wir müssen unsere inneren Grenzen ausschalten, denn wir brauchen nur den richtigen Weg, dann können wir alles erreichen, es ist bereits alles in uns drin. Unsere Grenzen ausschalten und den Weg zu unserem besten ICH zu finden, der führt nur über unser Innen und dies kann man nur durchdringen, indem man alles loslässt, mental und körperlich allen Ballast loswird. Sobald du frei wirst, sich alles löst, wirst du nach und nach die grenzenlose Freiheit in dir spüren, es wird alles möglich.

Glaube, Disziplin, Beharrlichkeit

Dies sind drei Eigenschaften, die du haben musst, um diesen Weg zu deinem besten ICH erfolgreich beschreiten zu können.

„When you do all the time your best,
God will do the rest.“

Es war für mich eine schwierige Zeit im Dezember 2020 wie auch für die meisten Menschen, da Corona Covid-19 uns sehr eingeschränkt hatte und auch ich war hin- und hergerissen mit meinen Gedanken. Natürlich galt es in erster Linie, die Vorgaben und Einschränkungen des Bundes einzuhalten, um die Ansteckungen einzudämmen, und wenn man nicht gerade zur Arbeit musste, sich zuhause aufzuhalten.

Glücklicherweise hatte ich zu diesem Zeitpunkt zusätzlich gerade eine Nasenoperation hinter mir (die mir nebenbei eine riesige innerliche Last nahm, weil sie durch eine Asymmetrie zum Mittelpunkt meines Lebens geworden war und ich mich in vielem selbst blockierte) und aufgrund dieser ich mich auch schonen musste.

Dies war der Zeitpunkt, als ich mich zuhause befand und mir intensiv Gedanken über mich machte, wie ich mein Leben zugunsten meiner Zukunft weiter gestalten möchte und wie ich dabei vorgehen kann. Die Operation löste enorme Blockaden in mir auf, das war für mich wie ein Startschuss und mir wurden viele Dinge klar wie auch bewusst zu diesem Zeitpunkt. So eine Befreiung wird für Außenstehende völlig unterschätzt und leider zu oft auch von Ärzten, zum Teil werden dazu auch noch falsche Aussagen geäußert, die aus meiner Sicht überhaupt nicht stimmen, aber darauf werde ich jetzt nicht weiter eingehen. Die schauen auch zu wenig auf das „System Mensch“, sondern nur auf Symptome und Reparaturen.

Es war zwar für mich persönlich zu diesem Zeitpunkt eine erneute Investition, die mir ein größeres Loch in meinen Schuldenberg riss, den ich noch bis dahin hatte. Jedoch war dies eine entscheidende Investition in mich und mein Selbstbewusstsein. Dazu muss ich sagen, es gab zuvor für mich nie einen richtigen Zeitpunkt für Ausgaben oder Rechnungen, es war immer der falsche, da ich stets zu wenig Geld hatte. Ich kann nur sagen und doppelt unterstreichen, für mich war diese Operation die beste Entscheidung für mein Innen, nicht für das perfekte Außen, es war das perfekte Innen, mein ganzes Innen füllte sich mit Leben. Somit zeigt es, dass diese Investition genau das Richtige war und vor allem nützlich.

Da hatte ich es dann plötzlich vor meinen Augen, ich wusste, wenn ich alles so bereinigen würde, was mir eine Last ist auf der Seele, dann kann ich alles schaffen. Ich wusste aber gleichzeitig, dass das meiste auch nicht mehr an der Oberfläche ersichtlich oder vorhanden ist, sondern teils bis in die tiefsten Schichten im Unterbewusstsein abgespeichert und fest verankert. Also war für mich klar, indem ich die Schichten in kleinen, stetigen Prozessen anfange zu lösen, an der Wurzel packe wie meine Nasen-Operation, dann löst sich alles mit der Zeit auf. Und diese Blockaden, die ich bei meiner Nase gelöst hatte, werden mir bei jedem anderen Thema auch eine Last nehmen, egal bei welchem, es wird überall funktionieren. Sinnbildlich verhält es sich so, als wenn man einen Kugelfisch beobachtet, der sich bei Gefahr und Stress voll aufbläht und sich in eine Kugel verwandelt, wenn dann die Gefahr weg ist, geht die Luft nach und nach wieder raus. Dieses Herauslassen sind die einzelnen Thematiken, die in dir festsitzen und sich langsam lösen.

Ich hatte bereits 2010 mich mit einem sehr guten Buch namens „Die Sedona Methode“ über Loslassen beschäftigt und ich kann sagen, es hatte mir zu diesem Zeitpunkt auch geholfen, jedoch nur auf kurze Dauer. Da kamen dann die zuvor erwähnten Probleme zum Tragen. Auch bei mir war es so, dass ich viele andere Themen-Bereiche hatte, die mich beschäftigten, wie vor allem auch meine finanzielle Situation. Hätte ich mich nicht dazu entschieden, alle meine belastenden Themen gleichzeitig anzugehen, hätte ich mich weiterhin im Kreis gedreht und wäre ständig wieder an einem anderen Problem hängengeblieben. Somit hätte ich früher oder später ziemlich sicher wieder aufgegeben.

Klar hatte ich zuvor auch viele Erfolgserlebnisse und hatte mich gut entwickelt. Ich hatte auch ein gutes Leben, wenn ich mich derzeit im Dezember 2020 mit vielen anderen verglichen hatte. Ich hätte auch so weiterleben können und mich damit abfinden und das wäre noch immer ein anständiges Leben gewesen, mit Höhen und Tiefen, wie ich es halt kannte. Jedoch wollte ich nicht mehr einer von denen sein, die im Lotto spielen, um irgendwann mit einem Glückstreffer auf eine Erleichterung zu hoffen. Dazu mir auf der Arbeit den *„Arsch abzurackern“*, um am Abend dann kaputt nachhause zu gehen mit null Restenergie, weil ich nicht ausgeglichen bin. Weiter hatte ich mich auch bereits geübt in Meditation und Atemübungen, auch diese Methoden halfen mir bis zu einem gewissen Grad, ganz klar, jedoch auch hier verhält es sich gleich, es kommen andere Bereiche, die einem in den Weg kommen. Somit ist man sicher etwas entspannter mit diesen Methoden, jedoch nicht das Ergebnis, was ich für mich wollte und brauchte.

Ich betreibe bereits mein ganzes Leben lang Sport, mal mehr, mal weniger. Dazu befasse ich mich seit über 12 Jahren intensiv mit meiner Ernährung. Bücher lese ich erst etwa seit 5 Jahren, da ich mich vorher nicht dafür begeistern konnte. Wenn ich so zurückdenke und mich nochmals in so eine Situation versetze, kann ich es nicht mehr richtig verstehen, jedoch weiß ich heute, ich war nicht so weit in mir drin. Als ich damals begonnen hatte mit den ersten Leseversuchen und dann eine bis zwei Seiten las, wurde ich bereits ungeduldig oder mir schlief sozusagen das Gesicht ein. Ich war innerlich einfach gesagt noch nicht offen dafür. Also das bedeutete, ich musste es mir auch erst aneignen, was zu Beginn nicht ganz einfach war. Jedoch bin ich zwischenzeitlich zu einer sogenannten Leseratte geworden, wie man das so schön bezeichnet. Und heute geht nicht ein Tag vorbei, ohne dass ich gelesen habe, auch Hörbücher laufen bei jeder Gelegenheit. Wenn ich spazieren gehe, wenn ich im Auto bin oder auch Mal zwischendrin zuhause: Ich nutze jede Möglichkeit zum Hören und Lesen, weil ich den Wert dazu für meine Entwicklung spüre und durch stetiges Abrufen die Thematiken schnell eingeprägt werden. Hier nahm alles seinen Anfang, was die Entstehung dieses Buches angeht.

Ein weiteres Thema ist Sport und oder genügend intensive Bewegung, was auch so elementar wichtig für den gesamten Organismus ist. Unser Körper in seiner Struktur benötigt Bewegung, um alles mit dem benötigten Sauerstoff zu versorgen und unseren ganzen Apparat zu beleben, auch das Lymphsystem, die Lymphflüssigkeit braucht eine gute Sauerstoffversorgung, die wir beispielsweise durch die Atmung über den Bauch noch mehr unterstützen können (z. B. sind Atemübungen sehr effizient), in Verbindung von Sport und Bewegung optimal gewährleistet. Jedes einzelne Thema, was ich bis hier erwähnt habe, ist gleichermaßen wichtig für die Persönlichkeitsentwicklung, jedoch muss man auch sicherstellen, dass einem ein Thema dieser erwähnten nicht negativ im Weg steht, somit blockiert, weil man es nicht behandelt oder vernachlässigt während der intensiven Auseinandersetzung mit einem zweiten, das einem wichtiger erscheint. Also wenn man sich beispielsweise intensiv mit Sport und Ernährung beschäftigt, was ja eigentlich super ist, jedoch man gleichzeitig das Loslassen vernachlässigt, auch sonstiger Entspannungsmethoden, oder was ist mit deinen Finanzen, deinen Gewohnheiten, kümmerst du dich auch darum, um dein Unterbewusstsein mit der Darm-Hirn-Verbindung, wie auch deiner Anatomie… usw. mit dem Ignorieren eines Themas kann man Blockaden auslösen. Alles soll einheitlich in kleinen, jedoch stetigen, kontinuierlichen Schritten zu einem Ganzen wachsen.

Seit nun mehr als 42 Jahren beschäftige ich mich mit meinem Leben bewusst wie unbewusst. Mal ging es um meine Eltern, mal ging es um mich, mal ging es um meine Freundin, mal um meine Freunde, mal um meinen Trainer, mal um mich als Sportler, mal um meine Arbeit, mal um meine Umwelt, mal um Ereignisse, mal um dies und das …

Man wird geboren, man wird aufgezogen, die Eltern bringen einem vieles bei, nach ihrem besten Wissen und Gewissen oder man wächst ohne Eltern oder nur bei einem Elternteil auf, was noch schwieriger sein kann. Der eine wächst behütet auf, der andere weniger. Dann kommt man ins Schulalter, wo man Freunde findet und sich im Freundeskreis weiterentwickelt oder man findet keine Freunde und bleibt größtenteils für sich. Vielleicht betreibt man einen Sport oder irgendeine Kunst, vielleicht geht es direkt zu Beginn um klare Ziele, die man sich setzt. Doch jederzeit auch in diesen jeweiligen Entscheidungen lernt man stets neue Menschen kennen, die einen mal mehr, mal weniger beeinflussen, positiv wie negativ. Dann entstehen nach und nach Glaubenssätze, worauf wir gleich kommen.

Eines der wichtigsten und eindringlichsten Wahrheiten des Lebens ist, alles ist im ständigen Fluss und in Bewegung, die Energie ist auch ein ständiger Fluss und mit dieser kann man sich verbinden. Um es verständlicher zu machen, wenn man ein Buch liest und dieses nach einem Monat erneut, dann liest du es anders, dir fallen andere Abschnitte und Dinge auf, die dir zuvor nicht aufgefallen sind und bewertest es auch anders, weil du neue Erfahrungen gesammelt hast. Dies passiert genau deswegen, es ist ein ständiger Fluss und deine stetige Entwicklung, die diesen Effekt herbeiführen. Also um sich mit diesem

Fluss verbinden zu können, muss man frei werden und je näher wir ihm sind, desto leichter wird es werden und desto weniger kommt einem in die Quere. Auch Heraklit und Platon sagten einst, dass sich die Dinge ständig verändern oder verändert werden, somit sind sie schwer zu definieren und um etwas wirklich zu wissen wie auch zu verstehen, müssen wir die perfekte Form und die perfekte Idee erreichen. Wir holen die beste und die reinste Version aus dir heraus.

Glaubenssätze und andere Buchdetails

Zurück zu Glaubenssätzen, es entstehen während der Entwicklung eines Menschen, den Einflüssen von außen, Glaubenssätze und Werte, man ist jedes Mal die Summe seiner Entscheidungen, jederzeit in seinem Leben. Falls diese Summe weniger als das ist, die man sich vorstellt, also das eine oder andere noch verbessern möchte, oder ganz neu starten möchte, wovon ich ausgehe, da du dieses Buch liest, dann kann dieses Buch dir helfen. Wer sein Leben weiterlebt wie bisher und nicht glücklich damit ist, von denen werden zu 95 % in den weiteren Summen auch nicht viel weiter oder gar nicht weiterkommen.

Dieses Buch steht als ein Bindeglied zu allen bisher bekannten Vorgehensweisen, ein Puzzleteil, das vielen vielleicht fehlt, um die Klarheit zu erhalten auf dem Weg zu sich selbst, zum Besten und erfolgreichsten ICH, dass man aus sich machen möchte, seiner individuellen Persönlichkeitsentwicklung. Das beste ICH sieht in etwa genauso aus, wie wenn man sich in seiner Fantasie, mit einem Zauberstab, seine perfekte Zukunft zusammenstellen würde, einfach ausgedrückt „dein Traumleben“. Bestenfalls mit einem klaren Warum dahinter, denn mit dem Warum entsteht ein tieferer Sinn darin, der einen noch intensiver antreibt, mit den nötigen Emotionen dazu.

Hier kommen dann die in diesem Buch beschriebenen Vorgehensweisen, die Landkarte und Strategie zum Tragen. Wenn man danach vorgeht, dann steht einem und dem soliden Fundament so gut wie nichts mehr im Weg. Es ist wie, wenn man ein Haus baut, da braucht man die meiste Zeit für das Fundament und niemand fängt hier mit dem Dach zuerst an. Darum rechnen wir 2 Jahre für das Fundament ein, so kannst du dies als Zeitmillionär im Eustress (positiver Stress) erreichen. Hier sprechen wir jedoch von einer gesamten Erneuerung, da, wenn das Fundament irreparable Risse hat, hier nur eine komplette Grundsanierung hilft, da wir ja bereits mitten im Leben stehen.

Nur vorsorgliche Reparaturen bewirken nur, dass man Risse überdeckt, es werden ständig wieder neue entstehen oder die überdeckten reißen wieder ein. Dieses Fundament wirst du individuell auf dich anpassen und dir zusammenstellen. Wie auch jeder weiß, wenn mal das Fundament des Hauses steht, dann geht der Rest sehr schnell. Und nach meiner Erfahrung nach wird es irgendwann exponentiell werden, wenn man dranbleibt. Ich kann dir von meinen Erfahrungen sagen, ich spürte bereits nach kurzer Zeit merkliche Veränderungen, die mir ständig Bestätigungen lieferten und mir stetige Motivationsschübe bescherten.

Jedoch kann man sein Traumleben nicht einfach so erreichen, es braucht, auch wenn man durch dieses Buch mehr Zeit zur Verfügung haben wird und einen Leitfaden, noch immer das gleiche Gesetz des Lebens, du musst dich ständig aus deiner Komfortzone bewegen, um dich zu entwickeln. Es wird eine Zeitlang ganz einfach werden, weil du freier und entspannter sein wirst, dann kommt aber immer wieder Mal eine schwierige Phase, die durchschritten werden muss. Wenn du hindurch bist, hast du es beim nächsten Mal dafür umso leichter bei derselben Situation, weil du sie bereits durchschritten hast, also das bedeutet, du bist gewachsen. Und so wird jede neue Situation die eine Schwierigkeit, eine Hürde, ein Problem darstellt, dich wachsen lassen. Denn das Problem ist nur so groß, wie du es machst. Nimmst du in diesem Moment das Problem, analysierst es kurz und suchst nach der bestmöglichen Lösung dafür, wirst du es lösen und wachsen. So wirst du auch mehr und mehr feststellen, es gibt keine überwindbaren Probleme, ich brauche nur jedes Mal die richtige Lösung zu finden. Du lässt dich nach und nach von solchen Situationen immer weniger beeinflussen, bis du die Probleme zu lösen, als Geschenk zum wachsen siehst und für diese sogar dankbar wirst. Furcht, Unannehmlichkeit und Unbequemlichkeit dürfen dich nicht mehr aufhalten, dann bist du bereit für deine Zukunft von innerem und äußerem Reichtum.

„Hakuna Matata kennen die meisten, es stammt aus der König der Löwen und bedeutet, man kann die Vergangenheit nicht ändern, aber die Zukunft ... Also lasse deine Sorgen und Ängste hinter dir, die Sorgen bleiben dir fern."

Klar ist dies ein Trickfilm, jedoch hat dies genau den tieferen Sinn, was das Grundprinzip und ein Grundgesetz des Lebens ist und eines der wichtigsten Bestandteile meines Buches, die Wegweiser auf der Landkarte deiner Entwicklung. Ich will damit nicht sagen oder behaupten, dass man die Vergangenheit einfach ausblenden soll und alles ignorieren, nein, es geht darum alles zu akzeptieren, alles anzunehmen und das Beste aus der momentanen Situation zu machen. Wie auch alles loszulassen und zu vergeben, was dich von deinem besten ICH abhält und noch trennt. Den ganzen angesammelten Ballast, die vollen Aktenschränke in deinem Kopf, die ganzen Blockaden in deinem Innen wie Außen, deine größten Störfaktoren loszuwerden, den Estrich deines Lebens aufräumen, was natürlich auch nicht von heute auf morgen funktionieren kann. All dies braucht Zeit, um es auf einer angenehmen und ausgeglichenen Vorgehensweise, aufzuarbeiten und aufzulösen. Dies wirst du auf dem Weg schnell erkennen.

Darum geht es hier beim Passepartout, sich 2 Jahre Zeit zu nehmen, um sich ein grundsolides Fundament zu erschaffen. Dies aber in allen dir wichtigen Bereichen gleichzeitig. Denn langfristig gesehen bleibt alles, was man glaubt, nicht loslassen zu können, einem erhalten und blockiert einen somit in vielem. Dies habt ihr bestimmt schon öfters gehört und die meisten Menschen unternehmen trotzdem nichts. Wer nicht bereit zum Loslassen ist, der ist aber auch nicht bereit für seine Zukunft und auch nicht für dieses Buch. Dies muss in einem drin passieren, man muss es annehmen können, weil man es erkennen kann und will und, wie bereits erwähnt, bereit dazu ist. Du musst dich dazu dir gegenüber verpflichten. Sich Zwischenziele zu setzen, ist der erste Schritt, nachdem man sein Warum gefunden hat, im gesamten Prozess in den ersten paar Wochen. Zwischenziele sind fließend und gut mit dem Weg kombinierbar. Ziele wären endlich, denn sobald wir ein Ziel erreicht haben, gerät es oft kurz danach in Vergessenheit und neue setzen wir uns leider zu oft auch nicht oder erst irgendwann später wieder. Hier stoppt oder stagniert die Entwicklung (deswegen arbeite ich mit Zwischenzielen, denn alles soll fließen und mit dem Weg des lebenslangen Lernens kombiniert werden). Wichtig ist hier auch zu erwähnen, man sollte sich auch die erreichten Zwischenziele immer wieder zwischendurch abrufen und vor Augen führen, was man bereits alles erreicht hat, sind es noch so kleine Fortschritte (im Erfolgsjournal festhalten). Hier gehört das Abrufen von Erfolgen aus deiner Vergangenheit, vor PPTT, genauso mit dazu. Wir wollen lebenslange Weiterentwicklung mit innerem Frieden und Glück.

Hier kommen wir zu einem wichtigen Entscheid und zum wesentlichen Einstieg, um mit diesem Buch den Weg des Passepartout erfolgreich beschreiten zu können. Nur wer sich zu 100 % darauf einlässt und sich diese Zeit für sich selbst nehmen will, wie auch wird, dem ist die persönliche Erfolgsgarantie mit Hilfe des Buches sicher. Denn damit entscheidest du dich für deinen persönlichen Mehrwert und etwas dafür zu tun, um dich aus deiner Komfortzone zu bewegen. Das bedeutet, dass du dein Leben insgesamt auf einer optimalen Ausgangslage für deine weitere Zukunft erschaffst und dies in allen dir wichtigen Bereichen gleichzeitig in einer Balance ohne Druck und Disstress (negativer Stress) ermöglichst.

Als Erstes wirst du deinem ganzen Umfeld mitteilen, dass du dir ab sofort Zeit nur für dich nehmen wirst, und zwar 2 Jahre, für deine Entwicklung und deine Zukunft, dies ist sehr wichtig. Deine Freizeit wirst du fast ausschließlich für dich nutzen und den Kontakt mit deinen Mitmenschen auf ein Minimum reduzieren, auch Familie, es geht NUR um dich. Und Menschen, die dir nicht guttun, weil sie dich runterziehen und dich mit ihren Problemen belagern, wirst du mindestens für diese Zeit (bestenfalls für immer), komplett aus deinem Leben aussortieren müssen ohne Wenn und Aber.

Mein Weg und meine Erfahrungen, meine ersten Schritte zu meinem soliden Fundament

– Durch die Reinheit und die darauffolgende Klarheit findest du die Wahrheit –

Als ich mich für diesen Weg entschieden hatte, fiel mir auch nicht alles auf Anhieb leicht. Jedoch wer den Weg beschreitet, wie im Buch beschrieben, wird ganz sicher schnelle und kontinuierliche Erfolgserlebnisse erzielen. Bei den einen Themen schneller, bei den anderen etwas weniger schnell, jedoch stetig und unaufhaltsam. Dein Selbstbewusstsein und Selbstvertrauen werden sich innerhalb des ersten Jahres nach einem gewissen Zeitpunkt wahrscheinlich exponentiell entwickeln; auch wenn es beim einen oder anderen Thema etwas länger dauert, ist das ganz normal. Umschreibungen der Begriffe: Das Selbstbewusstsein, betrifft für mich eher das Innen, die Sicht auf sich, beispielsweise wie aus einer Vogelperspektive betrachtet oder die innere Stärke und Stabilität, welcher ich mir bewusst bin. Und beim Selbstvertrauen ist hier eher die Handlung im Fokus, den Mut zum Handeln, wovon jedoch das gestärkte Selbstbewusstsein auch ein Bestandteil ist und man wird immer mehr Selbstbewusste Handlungen vollziehen.

Es wird dich nichts mehr komplett aus der Bahn werfen können, weil du dein gesamtes Leben im Überblick und alles unter Kontrolle haben wirst mit der Zeit, Step by Step. Es wird keine Probleme mehr geben, nur noch Lösungen. Und du wirst Probleme als Geschenk sehen lernen, die dir zur Weiterentwicklung dienen. Jedoch geschieht das nicht von heute auf morgen, dafür machst du dich erst zum Zeitmillionär und hast Zeit wie noch nie zuvor in deinem Leben, Zeit NUR für dich.

Wie bereits erwähnt, es geht hier nicht darum, das Rad neu zu erfinden, denn das eine oder andere ist seit sogar tausenden bis Millionen von Jahren als Naturgesetz bekannt. Oder wenn man die Geschichtsbücher liest, waren gewisse Gesetze des Lebens vielleicht nicht bewusst gelebt worden damals, geschweige denn bei dem Jäger und Sammler oder auch vor 500 Jahren noch nicht bekannt, jedoch waren die Naturgesetze immer existent. Wie beispielsweise das Gesetz der Anziehung oder die der Ernährung und was der Körper benötigt, dass Umstellungen wie auch Prozesse ihre Zeit brauchen und wir nichts einfach überspringen können.

Wir Menschen im Jetzt, Hier und Heute sind Teil des Prozesses wie auch alle vor uns. Wir haben uns über die ganze Zeit entwickelt wie auch verändert in diesen Prozessen, seit Millionen von Jahren. Doch die Gesetze der Natur und was unser Körper, Geist und unsere Seele benötigen, waren im Grunde immer dieselben, es dreht sich stets um Emotionen, die sich im Innen abspielen und nach außen größtenteils sichtbar werden, auch wenn der emotionale Teil beispielsweise bei Neandertalern vielleicht noch nicht ausgeprägt war und er meist intuitiv gehandelt hat im Vergleich zu heute. Ganz genau kann man das heute auch nicht mehr nachvollziehen.

Nehmen wir hier ein kurzes Beispiel, im Zusammenhang und der Auseinandersetzung mit unserer Entwicklung. Ein Baby, das handelt intuitiv, wann es Hunger hat oder wann es genügend gegessen hat, mit der Kommunikation, mit dem Darmhirn dreht es den Kopf weg, sobald es satt ist. Das Baby lässt sich auch nicht zwingen etwas zu essen, auf was es keine Lust hat. Diesen natürlichen Instinkt müssen wir uns wieder besorgen, die Kommunikation zum Darmhirn finden, das direkt mit dem Kopfhirn in Verbindung steht, mit der richtigen und konstanten Auseinandersetzung mit unserem Körper, dessen Signalen und Symptomen.

Wie wenn wir beispielsweise geschwitzt haben, dann kommt größtenteils ein Bedarf an Mineralien auf, vielleicht nach einem isotonischen Getränk oder einem Wasser, das viele Mineralien beinhaltet, dies signalisiert uns unser Körper. Oder wenn wir angeschlagen sind und uns krank fühlen, dann braucht unser Körper meistens Vitamine C in Form von Orangensaft, auch diese Lust kommt dann auf. Bei Krankheit verbunden mit Unwohlsein kennen wir die Signale, da es uns eindeutig nicht gut geht und wir vielleicht sogar bewegungsunfähig werden mit Fieber, dann wollen wir nur noch, dass es uns wieder besser geht, und tun alles Notwendige dafür. Jedoch können wir das Gleiche wieder erlangen über die gesamte Balance, indem wir anfangen uns zu sensibilisieren und die Dauer zur Findung des natürlichen Instinkts, also deiner Sensibilisierung auf deinen Gesamten Körper zu hören ohne Anstrengung, darf genauso insgesamt einige Jahre in Anspruch nehmen, um diese zu erreichen. Die Hauptsache ist, du erarbeitest dir in 2 Jahren diesbezüglich ein gutes Fundament, dass du stetig und kontinuierlich dranbleibst, auch wenn es nur kleine Schritte sind zu Beginn. Denn je mehr man über sich weiß und erkennen kann, desto befreiender wird auch dieser Bereich.

Der größte Unterschied ist die Entwicklung unseres Gehirns und die damit verbundene Intelligenz, womit wir zwischenzeitlich sehr viel Positives, jedoch auch sehr viel Negatives bewirkt haben. Und durch die Entwicklung dessen werden auch unsere Emotionen klar erkennbar für unser Außen, was bedeutet, Mitmenschen können dies meist sehr gut erkennen.

Ich schneide hier bewusst gewisse Themen nur an wie im Schnelldurchlauf, weil das Buch wie erwähnt nur als Landkarte, Strategie und Bindeglied zu allen anderen genialen Büchern dienen soll. In Kombinationen kann man die bereits beliebten Bücher wieder hervorholen und du wirst endlich wieder bereit um weiterzuarbeiten mit deinen Büchern. Jedoch anhand von PPTT mit einem etwas freierem Kopf zu Beginn oder einem ganz freien Kopf später, wenn du weit genug gekommen bist. Es geht darum strategisch wie Zielorientiert vorzugehen und mit einer aufgeräumten, durch Klarheit geschaffene Basis, das Wissen und den Horizont zu erweitern, aufgebaut auf stabilen Stützpfeiler, deinem soliden Fundament.

Alles hier in diesem Buch Geschriebene beruht auf meinen Selbsttests, Analysen und erfolgreichen Entwicklungsschritten, die alles bestätigten, und der Vernetzung des Gesamten, was sich offenbarte. Hier gebe ich einen kleinen Teil dessen auch preis. Dies war bei mir natürlich zu 100 % auf mich angepasst.

Jetzt muss alles auf dich angepasst und erarbeitet werden, in 2 Jahren, dein solides Fundament. Die Dauer für die Erarbeitung von 2 Jahren sind eine gute Richtzeit, jedoch wird diese Zeit natürlich auch variieren, beim einen länger, beim anderen weniger lang, jedoch es wird ein solides Fundament entstehen, bei dem, der dranbleibt.

Verbindung, Vernetzung und Klarheit schaffen

„Wenn sich eine Tür schließt,
öffnet sich eine andere; aber wir
sehen meist so lange mit Bedauern
auf die geschlossene Tür, dass wir
die, die sich für uns geöffnet hat,
nicht sehen."

– Alexander Graham Bell –

Wenn man jetzt auch die Verbindung und Vernetzung erschafft, von der Steinzeit mit dem Heute, dies in eine Balance bringt, mit dem Gedanken, das beste ICH aus sich herauszuholen, dann gibst du dir die Möglichkeit, wie auch die Demut in Kombination mit der nötigen Bescheidenheit, den Wert und die Einfachheit hinter allem zu entdecken. Erkenne und entdecke, was schon immer war, begebe dich auf diesen sinnvollen Pfad. Nach und nach wirst du dann erkennen, wie sehr wir von unserem Weg abgekommen sind und wie gefangen wir in der heutigen Zeit leben. Die Erkenntnisse in der Entwicklung, anhand der intensiven Auseinandersetzung mit dir selbst in den 2 Jahren, wirst du erkennen können was schon immer war und eigentlich bereits damals funktionierte. Die wichtigen Dinge in uns, die Reinheit, wieder entdecken und herausholen wie auch auf uns wirken lassen. Denn wenn du ganz frei bist mental wie auch körperlich, entstehen erst die natürlichen Kräfte, welche du in dieser Form nur so wieder erreichen kannst. Es geht darum, das oberflächliche Leben wieder lebenswerter zu machen mit Klarheit und dem gewinnbringenden Inhalt, der daraus entsteht. Hierzu ist es notwendig dich zu größtenteils von sozialen Medien wie auch Zeitungen mit deren Berichten, nicht mehr ablenken und erneut beeinflussen zu lassen. Ab und zu mal etwas anschauen, da spricht gar nichts dagegen, solange es nur zum Abschalten, als Pause oder kurze Ablenkung dient. Für deine 2 Jahre dient die Zeit rein deinem Entledigen von Ballast und dem Fokus auf Dankbarkeit und deine Entwicklung.

Das Bedürfnis und Bestreben von Konfuzius war es, über das Resetten, was ich hier vermitteln möchte, mit einem aufgeräumten Innen, in der Lage zu sein, sich wieder zu erinnern und sich auf den richtigen Weg begeben zu können. Aus seinem Blickwinkel betrachtet sollte man sich einen Überblick verschaffen über sein vergangenes Leben und Revue passieren lassen, somit auch mal einen anderen Blickwinkel einnehmen und die chinesischen Traditionen erforschen, welche die Zeit überdauert haben und nach wie vor eine zentrale Rolle spielen, für das bereinigte Sein. Damals ging es darum einen Weg zu finden, um diese für die Allgemeinheit greifbarer zu machen, einen Weg den Menschen aufzuzeigen, dies, also die chinesischen Traditionen bestmöglich auf dieser Basis wieder zu erlangen. Dies wollte er über die Klarheit erlangen und die Klarheit erhält man über Weisheit, die durch Lernen und Bildung geschafft wird, in Kombination mit der Reinheit, also dem mentalen Fokus auf das Positive, das sich in den überdauerten Traditionen versteckte. Wenn man hier alles zusammennimmt, hat man das Resetten, dann kommt die Klarheit mit dem freien Kopf, also Loslassen und Vergeben, man nimmt die positiven Eigenschaften in den Vordergrund und durch Priorisieren dieser, wie das Bewusstsein das man auch dafür in sich entwickeln wird: „Probleme haben immer Lösungen“, dann erreichst du irgendwann die Weisheit und Gelassenheit für deine optimale Zukunft.

Auch Platon war etwa 350 vor Christus klar, es müsse über den Weg der Reinheit des Menschen, die gefunden werden muss (welche zur damalig angesprochenen Zeit, noch bei den meisten Menschen verborgen lag), auf eine dauerhaft funktionierende Form des Wandels eingehen zu können und einwandfrei zu funktionieren (bedeutet, man muss bereit sein den Weg der Selbsterkenntnis und Selbstfindung zu gehen, um sich von allem negativen Ballast befreien zu können). Jedoch erkannte er das Problem, dass die gewöhnlichen Menschen zu sehr in ihrem Leben gefangen waren und sich nur dem öffneten, was für sie greifbar (physisch anzufassen) und fassbar (mental bereits Referenzen vorhanden oder annehmbare Vorstellung) war. Darüber hinaus seien die Philosophen eher geeignet, um über den Tellerrand hinweg zu schauen und zu denken.

Wir haben vergessen, woher wir kommen und es geht nur noch darum, wer besser dasteht und wer mehr nachzuweisen hat. Dazu kommt auch noch, dass die Welt stets oberflächlicher durch den ganzen Luxus wird, wie auch die vermeintliche Einfachheit zum Geldverdienen macht uns schwach, schwach weil wir immer bequemer werden. Die Menschheit in der ganzen Intelligenz verblödet allmählich, denn es wird alles immer technologischer und digitaler und unser Hirn wird immer weniger gefordert. Wären wir ohne Handy, Computer oder Strom, wären wir ziemlich sicher nicht mehr überlebensfähig. Die Problematik darin ist nicht das Auskosten der Möglichkeiten, es liegt an der Dysbalance, die ganz offensichtlich entsteht und auch entgleist. Wir verlieren allmählich die wichtige Kontrolle über uns und unsere Umwelt. Diese müssen wir wieder in eine Balance bringen, zumindest sollte das ein Anliegen jedes Einzelnen sein.

Nehmen wir hier mal das Beispiel aus der Steinzeit, die haben so gelebt, wie es damals war und es war ganz normal, der Stärkere und Einfallsreichere hatte überlebt. Dann im Gegenzug waren die Denkweisen und Handlungsweisen von vor etwa 100 Jahren auch ganz anders als heute, jeder kannte es nicht anders als so, wie es war damals, es war normal und jeder hatte sich daran angepasst, weil es einfach so war. Keiner musste sich vor 100 Jahren auf die Steinzeit einstellen oder auf eine digitale Welt, wie es sie heute gibt, die beiden Welten gab es damals nicht mehr oder noch gar nicht, geschweige denn waren die anderen Zeiten, für diese Menschen überhaupt vorstellbar.

In jeder Zeit, ob im Jahr 100 nach Christus oder 1600 nach Christus, kam das, was bis dahin entstanden ist, auch nicht von heute auf morgen, es kam in Prozessen, über mehrere Jahre, meist hunderte, tausende oder eben sogar Millionen. Aber auch heute gibt es nach wie vor Überbleibsel aus der Steinzeit, wir handeln noch heute zum Teil unbewusst danach. Dies zeigt doch eindeutig, dass Veränderungen sehr lange dauern können und Gewohnheiten teilweise nie mehr abzustellen sind und uns immer irgendwo erhalten bleiben. Jedoch kann man Gewohnheiten überschreiben und unbemerkbar machen. Vor etwa plus/minus 30 Jahren fing der extreme Wandel an in der heutigen modernen Zeit (anhand der ersten Handys in dem Zeitraum wurde alles noch schneller), zuvor fand das Leben noch mehrheitlich draußen statt, mit Freunden im Freien und es gab auch keine Smartphones, kein Social Media. Heutzutage beschäftigt sich die Mehrheit hauptsächlich damit, die meiste Zeit geht es darum, sich ständig unterhalten zu fühlen und sich darzustellen, Hauptsache, nicht gelangweilt und das oberflächliche Leben zu führen in einer Fassadenwelt. Sogar wenn 2, 3 oder was ich auch bereits erlebt hatte, sogar 6 Leute an einem Tisch saßen und alle auf das Handy starrten, fand keine Unterhaltung untereinander statt, weil alle nur mit ihrem Handy beschäftigt waren.

Jeder ist eigentlich auf sich bedacht und trotzdem kümmern sich die wenigsten Menschen wirklich um sich. Hast du dich je auf den Weg begeben dich wirklich kennenzulernen, dich voll und ganz mit dir auseinanderzusetzen? Viele wüssten da gar nicht wo anfangen, dass müssen sich leider die meisten auch eingestehen. Es ging mir vorher genauso.

Wir haben wie bereits erwähnt heutzutage alle Möglichkeiten, Internet, Handy mit dem sofortigen Zugriff, Bücher oder anderes, das meiste über dich und dein ganzes Sein in Erfahrung zu bringen. Trotzdem tun das 90 % der Menschen nicht. Damit möchte ich in erster Linie aufzeigen, was wir alles für Möglichkeiten haben und wie wenig wir daraus machen, weil sich die wenigsten aus der Komfortzone bewegen wollen. Im Gegenzug gibt es auch diejenigen, die zu sich und ihrem besten ICH den Weg finden wollen, aber nicht wissen wie, vielleicht irgendwo anfangen und dann nicht weiterkommen.

Wer kennt das nicht, auch ich hatte vor Dezember 2020 keinen klaren Weg, bis ich auf PPTT gestoßen bin, die ganzen

Umstände von Corona und meiner Nasen OP haben mich dahin geführt. Es sind meist Ausnahmesituationen, die einen die Augen nach innen öffnen. Dazu kommt, dass wir Menschen, wie es heißt, meist ab den 40er Jahren zu uns finden, größtenteils aus Notsituationen wird der Weg zur Erkenntnis frei.

Wieder auf das Thema der Entwicklung zu kommen, jeder startet als reines Geschöpf, es gibt nichts Reineres als ein Baby. Es hat keine Gedanken, es ist nur ein reines intuitives Verlangen nach allem, was es benötigt, nach Wärme der Mutter, nach Essen, nach Hilfe bei der Verdauung usw. Nach ein paar Stunden Schreien und Weinen, um sich Aufmerksamkeit zu verschaffen, folgt etwas Schlaf, um dann die gleichen Vorgänge erneut zu vollziehen, gnadenlos, Tag für Tag. Jedoch kommt da auch die hilflose Seite zum Tragen und diese wird von jedem liebenden Elternteil bis aufs Letzte behütet und verteidigt gegen alle Einflüsse, die dem Neugeborenen schaden könnten.

Diese wertvollen intuitiven Entscheidungen werden uns im Kindesalter mehr und mehr genommen, diese Unvoreingenommenheit, ohne Bedenken und Sorgen das Abenteuer und die Liebe des Lebens voll auszukosten mit Spaß und der inneren Freiheit und Gelassenheit.

Ab da kommen die zuvor erwähnten Situationen zum Tragen, es geht um die Erziehung der Eltern, ob positiv oder negativ, um die Einflüsse von Freunden und Bekannten im Laufe des Lebens, um die Summe der Entscheidungen und den Einfluss deiner Chefs im Job usw. ... du wirst geformt, ob du willst oder nicht, im selben Moment formst du dich selber bewusst oder unbewusst und dann entsteht deine Welt, in der du dich vielleicht stark fühlst, nach allem Erreichten in deinem Sein, oder eben schwach und hilflos, der Welt und deinem Außen ausgeliefert.

Egal wo du stehst, du lebst in deiner Welt, aus der nur du sie bewerten kannst, aus deinem Blickwinkel und woraus nur du dich befreien kannst mit der Entscheidung und dem innerlichen Wissen, ich schaffe das.

Emotionen sind die treibende Kraft, durch das bekannte Gesetz der Anziehung wird es meist zu einer positiven oder eben auch negativen Spirale. Durch unser Unterbewusstsein und unser stetiges Tun haben wir unsere allgemeine Gewohnheit erschaffen. Und um alle diese Entscheidungsträger in die richtigen Bahnen zu bringen, brauchen wir Klarheit über unser ganzes Sein. Diese Klarheit erreichen wir, indem wir unsere negativen Emotionen loswerden und uns von allem hinderlichen Ballast lösen, befreien, entsagen, einfach alles loswerden. Hier verschaffen wir uns einen Gesamtüberblick über unser Sein und wir erschaffen uns neu, genau nach unseren Vorstellungen und Wünschen, alle unsere Träume werden realisierbar.

Diese Aufmerksamkeit und Sensibilität, die ein Kleinkind hat, es spürt ganz genau, ob du als Elternteil wirklich bereit bist zuzuhören oder nur so tust und gar nicht bei der Sache bist. Weil ein Kleinkind keine Vorurteile hat, es will lachen, spielen, etwas unternehmen und dich vollkommen spüren. Es kann nicht negativ über dich denken, es kann nur traurig oder eingeschnappt werden, auf den Moment bezogen, weil du nicht spielen willst, jedoch sind viele Elternteile ständig abwesend und zu gestresst. Passiert dies aber mehr und mehr, dass du gedanklich nicht bei der Sache bist, dann zieht sich das unschuldige, liebes bedürftige Kind immer mehr in sich zurück, bis fast kein Licht mehr da ist.

Wir sind in der heutigen Stressgesellschaft so überlastet, vor allem weil wir nach dem jahrelangen Aufbau unseres Seins-Zustands „zugemüllt“ sind auf gut Deutsch gesagt, wir sind festgefahren, da wir ja trotzdem das Leben bis heute auch gemeistert haben, jedoch wo stehen wir gerade und wo wollen wir hin? Unsere ganzen Glaubenssätze, Werte, die Summe unserer Entscheidungen bis heute haben uns festfahren lassen, was ohne Auflösung dessen keine klare Zukunft mehr hervorbringen kann.

Mit PPTT lässt sich dieser Zustand aber auf einem sehr einfachen und klaren Weg wieder auflösen und man kommt der Basis, der Reinheit des Kindes, ziemlich nahe. Je sauberer man von innen ist, desto gesünder ist man (im mentalen, gedanklichen wie körperlichen Sinn). Komm und finde mit mir in die Balance des Lebens zurück. Wahres Wissen ist dauerhaft und findet sich in klar definierter Form, dies sagte einst Platon.

Hier kommt der Zeitpunkt, an dem ihr aufgeben müsst, wer ihr seid, um Platz für euer bestes ICH zu schaffen und werden zu können. Also müsst ihr euer jetziges Ich aufgeben und loslassen. Man kann nicht alles haben, bevor man nicht bereit ist alles aufzugeben.

HIER FOLGT DER WICHTIGSTE ENTSCHEID FÜR DICH, DEIN LEBEN UND DEINER ZUKUNFT, IN VERBINDUNG MIT DEM PPTT, SAGE DIR, ICH NEHME MIR AB SOFORT 2 JAHRE ZEIT FÜR MICH UND MEINE ENTWICKLUNG ALS ZEITMILLIONÄR.

Unterschrift zur Verpflichtung:

Diese 2 Jahre sind notwendig, um den Zeitplan in Verbindung als Zeitmillionär zu harmonisieren, in eine Balance zu bringen, womit du für alle deine in deiner oben gestalteten Zukunft, („in deiner Fantasie mit dem Zauberstab") ein grundsolides Fundament erarbeiten kannst. Jeder kann das erreichen, was er sich wünscht und vornimmt, auch wenn du gerade noch nicht davon überzeugt bist, egal wo du gerade stehst im Leben, auf der Basis von deinem jetzigen Stand ausgehend.

Wie dies alles funktioniert und auf welche Art und Weise, werde ich dir Schritt für Schritt aufzeigen; was du dafür alles tun kannst, findest du auf dem goldenen Weg des Passepartout bis hin zur inneren Stärke aus Titan und du befindest dich gerade mittendrin.

Die innere Stärke ist ein Naturgesetz, das viele nicht erkennen können oder wollen, wie es das Wort schon sagt, dein Innen, denn alles entsteht in dir drin und genau da muss man das auch angehen. Viele lassen sich auch nicht darauf ein, weil sie zu sehr im Außen gefangen sind. Wir kommen stark und selbstbewusst auf die Welt, aber den meisten wird dieses Selbstbewusstsein in der Kindheit genommen. Jedoch sind diese Stärke und das Selbstbewusstsein immer da gewesen, es muss nur wieder ausgegraben werden, versteckt unter dem ganzen Ballast. Das logische Denkvermögen wird nach und nach durch die Klarheit entfacht und Verbindungen entstehen überall, dass sich deine Vernetzungen wie ein Spinnennetz ausbreiten und vergrößern.

Eingeschränktes Denken, eingeschränktes Leben

Was wir
wissen, ist ein
Tropfen, was wir
nicht wissen,
ein Ozean

– Isaac Newton –

Viele Menschen leben in einer sehr eingeschränkten Welt … Wie sieht die aus? Kurzfassung einer Grundhaltung eines in sich gefangenen, unglücklichen Menschen:

Montag bis Freitag arbeiten, am Montagmorgen Mühe aufzustehen, mit schlechter Laune in den mühsamen Montag starten, dann folgt der mühsame Weg ins Geschäft, um dem Job nachzugehen, der ihm sein Geld einbringt, ihn jedoch überhaupt nicht erfüllt und glücklich macht er ihn schon gar nicht. Keine Zukunftsaussichten in diesem Betrieb, am Morgen auf den Mittag warten, am Nachmittag auf den Abend hoffen … Punkt 12 Uhr wie auch Punkt 17 Uhr direkt in den Mittag oder nachhause ohne 1 Minute Überzeit (Gedanke dabei: Ich bin doch nicht verrückt, noch gratis zu arbeiten), am Montag bereits auf den Freitag und das Wochenende hin ersehnen wie auch euphorisch freuen. Am Tag bei den Kollegen sein Leid klagen, bezüglich anderer Kollegen, des Chefs oder wegen zu geringem Lohn reklamieren. Ungeduldig auf den Urlaub warten und direkt nach dem Urlaub wieder auf den neuen Urlaub hoffen. Dann entsteht am Sonntag der „Sonntags-Blues“ und am Sonntagabend, nachdem man ein tolles Wochenende verbracht hat, Lotto mitspielen, in der Hoffnung schnell reich zu werden. Und da kommt schon der Start in die neue Woche, man hat bereits wieder den Anschiss am Montag arbeiten zu müssen, wo man sich erneut in die Negativspirale begibt.

Klar ist dies sehr extrem dargestellt, jedoch sind dies Erfahrungen, die ich bereits auch einmal durchgemacht habe, bei einer Arbeit, die mir nicht gefiel und bei der ich mich in diesem Kreislauf, dieser Negativspirale befand. Dazu kommt noch, in jeder Lebenssituation findet man Gleichgesinnte, die dich bestärken und bestätigen. Eine Gruppierung von Menschen, die so leben und sich gegenseitig anstacheln, diejenigen werden nur schwer wieder aus dieser Spirale rauskommen, außer man fängt sich darin mit einem Wegzug beispielsweise einem Tapetenwechsel und sucht sich eine Arbeit, die einen erfüllt und gefällt. Dies kann am besten funktionieren, wenn man an einen Ort umzieht, den man noch nicht kennt, sein Leben völlig neu anfängt und sich nicht mehr in den gewohnten Umgebungen aufhält. Das Gleiche gilt auch für Partnerschaften oder andere zwischenmenschliche Beziehungen, die man hinter sich lassen möchte, dies ist bereits allgemein bekannt. Die Arbeit ist einer der wichtigsten Faktoren beim Gestalten deiner Zukunft, wer einen Job, eine Tätigkeit ausübt, die ihm gefällt, muss den Rest seines Lebens nicht mehr arbeiten, auch dies sollten bereits die meisten wissen. Falls du langzeit-glücklich werden willst und dieses Buch dir dabei helfen soll, dann muss das eines deiner wichtigsten Anliegen im Prozess sein.

Spannend ist, wir haben die Gewohnheiten und alle Zeit der Welt, um jeden Menschen um uns herum zu analysieren, zu beurteilen, zu verurteilen, in eine Schublade zu stecken mit einem Blick. Aber wir nehmen uns keine Zeit uns selber zu analysieren, zu durchleuchten und auf den richtigen Weg zu bringen.

Einschränkung aus Engstirnigkeit: So sehen teilweise Denkprozesse bei einem Menschen aus, wenn es darum geht zu lernen und sich neues Wissen anzueignen: „Ich habe eigentlich kein schlechtes Leben, wenn ich etwas lernen will, um das zu werden, was ich sein will, dann muss ich zur Schule ... Hmm, das kostet mich 1–2 Jahre und dann weiß ich gar nicht, ob es dann klappt und vielleicht will ich es dann gar nicht mehr ... Und während des Lernens, in die Schule ... Ich habe keinen Bock mehr in der Schule zu sitzen. Zum Schluss habe ich meine Zeit verschwendet, statt mein Leben zu genießen und ich habe nur ein Leben, das

Leben ist zu kurz, um es zu verschwenden ... " In etwa so sieht es aus in unserer eingeschränkten Denkweise. Das Moment-Denken haben wir uns angeeignet und sollten wir uns wieder enteignen, denn wir bewegen uns im Kreis, in der sogenannten Komfortzone, von Gedankenkarussell zu Gedankenkarussell ohne Pause und Klarheit. Hier gibt es Blockaden in mehrere Richtungen, wie will man da wieder herausfinden, ohne sich einen klaren Kopf zu verschaffen? Und wo willst du anfangen? Das ist ein Beispiel, jedoch sieht es in vielen Situationen so aus, dass wir uns zu wenig zutrauen, weil wir einfach zu voll und zu überlastet sind, vor allem wegen des ganzen unnötigen Ballasts in uns und an uns im körperlichen Sinn, denn im Körper lagert sich auch sehr viel Ballast ab, sei es aus der Ernährung, negativer Stress (Distress) oder Fehlhaltungen des Körpers, wie auch Überanstrengung (hier entstehen Verhärtungen, Verspannungen, Schmerzen, Verkürzungen und mehr...). Aber auch weil wir überfordert sind mit den ganzen Hilfen, die wir ständig vor Augen haben, auf Social Media, im Internet, im TV, von Mitmenschen ... Überschwemmung pur. Darum braucht es Freiheit im Innen, die Klarheit im Gesamten und einen Weg, der dir ermöglicht, deine Bedürfnisse zu finden und zu erarbeiten.

Der Glauben: Wie wollen wir unsere Glaubensfähigkeit erweitern, wenn wir im Jetzt feststecken und alles von außen abblocken von unserer inneren Einstellung und eingeschränkten Ansichten. Nur wer sich allem öffnet, sich keine Grenzen mehr setzt, der kann sich befreien und im Außen unendliche Möglichkeiten finden, um seinen Glauben zu erweitern und sich auch den wichtigen Dingen zu öffnen.

Es sind immer aufeinanderfolgende Verkettungen, die ein Gesamtes ergeben, auch bei Problemen. Und Schulden haben sich größtenteils aus Verkettungen zu einem gewissen Ausmaß entwickelt. Auch wenn du ein ordentliches Gewicht auf die Waage bringst, waren die Ansammlungen, Verkettungen, die du im Einzelnen nie so richtig wahrgenommen hattest, bis du dich wieder Mal im Spiegel betrachtet hattest oder auf die Waage gestanden bist und „hoppala", da waren es wieder fünf Kilo. Solche Ergebnisse sind in längeren Prozessen entstanden und hätte man zuvor darauf nach vorne geblickt, von da her, wo dies seinen Anfang nahm, hätte man eine Langzeitrechnung machen können, in 1 Jahr 5 kg, in 3 Jahren 15 kg, in 5 Jahren habe ich 30 kg zugenommen. Also jetzt machen wir diese Zeitrechnung aber umgekehrt, mit dem Gedanken, dieses zu verlieren, ab heute auf der Basis als Zeitmillionär, 2 Jahre nur Zeit für dich, hier kannst du dir ein solides Fundament erarbeiten. Dies erwähne ich auf diese Weise, um mal den Blickwinkel zu verändern, weil das Abnehmen auch ohne extreme Anstrengung funktionieren kann, wie das Zunehmen, hier mit der Langzeitrechnung, als Zeitmillionär, von den 2 Jahren ausgehend, als Richtzeit. Während des ersten Jahres nehme ich auf gesunder Basis, mit einem Ernährungsplan, den ich lebenslang einhalten werde, aufgebaut mit allen meinen Bedürfnissen in einer guten Balance eingebaut habe, 3 kg ab. Dann im zweiten Jahr werden es bereits 8 kg und im dritten Jahr nochmals 15 kg. Im vierten Jahr werde ich bereits diese 30 kg wieder weghaben und gleichzeitig mir eine Lebenslange auf mich ausgerichtete gesunde Basis haben.

Es gibt nur eine Heilkraft und das ist das Unterbewusstsein und die Heilung kann auch nur durch eines erzeugt werden, das ist der Glaube.

Glück vs. Zufallsprinzip

Aus dem Zusammentreffen von
Vorbereitung und Gelegenheiten entsteht das,
was wir Glück
nennen.

– Anthony Robbins –

Das Wort Glück wird für meine Vorstellungen in gewissen Bereichen falsch verwendet, denn für mich ist Glück nicht ein Zufallsprinzip. Es gibt keine Zufälle, es sind alles Ereignisse aus

Summen und Energie, die zusammenkommen, aneinandergereiht aufeinandertreffen. Warum treffen zwei Menschen, wie man so oft hört, irgendwo am anderen Ende der Welt oder an irgendeinem Ort, an dem man diesen Menschen nie erwarten würde, aufeinander ... Denn du wolltest ja nicht einmal da sein und jetzt triffst du auch noch auf diese Person. Was für ein Zufall, oder? Nein, das denke ich nicht ...

Oder auch die Aussagen von wegen der Glückspilz, der angeblich nur auf der Basis von Glück zu einer Stelle oder einem Vermögen gekommen ist ... Unsinn ... Okay, ja doch Lottospieler schon.

Aber Lottogewinner, wie wir mittlerweile alle wissen, sind meist hinterher mehr verschuldet, aus einem einfachen Grund, weil sie mit Geld nicht gelernt haben umzugehen.

Glück verwende ich nur im Zusammenhang mit dem Glück, was man mit den Mitmenschen hat, Menschen, die dir guttun, oder auch mit deinem Leben, das positive daraus was überwiegt, wie auch die Erfahrungen und was du dir erarbeitet hast, dann lebst du im Glück oder hast eben Glück mit diesem oder jenem Menschen. Hier ist nicht ein Zufall gemeint, sondern ein positives Gefühl, das sich nach und nach aufgebaut hat.

Wenn man das Wort auf der Basis von Zufall nutzt, ist es eher abwertend dem tatsächlichen Wert gegenüber, was der Begriff in sich trägt. Das ist nur meine Ansicht, die ich gerne mitteilen wollte. :)

Um unser Glück auf Dauer anzuziehen, muss man erst dementsprechend die Glaubenssätze und Gewohnheiten auf eine gute Basis einstellen. Das Glück ist keine Laune der Natur, das Glück kann man sich erarbeiten und mit einem freien Kopf aufrechterhalten. Und das wollen wir hier erreichen, Dauerglück ohne stetige Achterbahn. Wir wollen eine freie Autobahn des Glücks, um es sinnbildlich auszudrücken.

Prozess der Entwicklung

„Sei du selbst die
Veränderung,
die du dir wünschst für
diese Welt."

– Mahatma Ghandi –

Jede Umstellung, jede Entwicklung einer Fähigkeit wie auch jede neue Gewohnheit sind Prozesse. Millionen von Jahren ständig laufende Prozesse, vom Jäger und Sammler zum Siedler, danach kam die Evolution und die Entwicklung unseres Gehirns dies waren alles Prozesse. Jedoch das Darmhirn war der Anfang, woraus die Entscheidungen gefällt wurden, intuitiv, in der Zeit der Jäger und Sammler, das Kopfhirn war noch ein unterentwickeltes Etwas im Kopf, was damals logischerweise noch niemand wusste und damals gab es hauptsächlich nur intuitive Entscheidungen. Es verlief noch alles fair, es gab ein natürliches Gleichgewicht zwischen Jägern, Sammlern und den Tieren, wie auch unsere Mutter Natur blieb unbeschadet.

Der Weg von Geburt bis zum heutigen Tag, wo man im Leben steht, das war ein Prozess mit viel Wandel und Veränderungen.

Die Ernährungsumstellung ist ein Prozess wie auch das Erlernen von Skifahren oder Autofahren sind Prozesse. Jedoch wenn man dranbleibt am Prozess, dann wird es früher oder später zu einer Gewohnheit und diese neuen Gewohnheiten wachsen dann zu Routinen, die man im späteren Verlauf des Lebens auch noch können wird, auch wenn man es ein paar Jahre nicht mehr ausgeübt hat. Einmal erlernt bleibt es einem irgendwo im Unterbewusstsein erhalten. Bezüglich dem Unterbewusstsein und derer Abspeicherung, wissen dies denke ich sehr viele Menschen anhand selbsterlebter Beispiele, was sie selber betreffen und/oder einfach die Erfahrung damit gemacht haben (wie beispielsweise, wenn man lange nicht mehr Auto gefahren ist und nach Jahren wieder eines fährt, kann man dies noch immer).

Die meisten haben den Prozess zum Erlernen des Autofahrens angefangen, weil sie tief drin die Sicherheit verspürten, „das werde ich schaffen", aber auch wussten, was sie dafür tun müssen und wie lange dieser Prozess in etwa dauern würde. Es geht nicht von heute auf morgen, man kann den Prozess nicht überspringen, jeder Prozess dauert seine Zeit, beim einen länger, beim anderen weniger lang ... Hier geht es auch um den Glauben und die Komfortzone kommt ins Spiel, die hier verlassen wird. Beim ganzen Aufwand zum Führerschein haben die meisten keine Probleme, denn das macht ja auch fast jeder Mensch, somit entstehen hier das nötige Selbstvertrauen und die notwendige Ausdauer dafür.

Egal wie lange es dauert, jeder wird den Prozess abschließen können, wenn er dranbleibt und im Innen weiß, „ich schaffe das" und solange ich es nicht geschafft habe, gebe ich nicht auf. Viele geben bei Prozessen oder Gewohnheiten zu früh auf, weil sie nicht einschätzen können, wie lange es dauern wird, und sich somit aus ihrer Komfortzone bewegen müssen, ohne die Dauer einschätzen zu können, daher geben sie lieber auf, anstatt sich auf Terrain zu begeben, das ihnen ihre kostbare Zeit raubt und sie vom Leben genießen abhalten könnte. Denn das Motto „Lebe jeden Tag, als könnte es dein letzter sein" ist sehr beliebt, was auch ich früher hatte und mein Selbstschutz, meine Faulheit und Unwissenheit eine gute Ausrede anerbot.

Jeder Einzelne profitiert von den Prozessen der Vorfahren, der Entwicklungsschritte jedes Fortschrittes. Auch Einstein hatte Vorfahren, die Vorarbeit geleistet hatten, die ihm dabei Vorlagen gaben und unterstützten bei diesen Meilensteinen, die er legte. Oder aber auch die großen Philosophen Heraklit, Sokrates, Platon und Aristoteles, auch sie hatten ihre Vorfahren, die ebenfalls gewisse Vorarbeit geleistet hatten. Auch dort gab es ständig Blickwinkel und Veränderungen aus verschiedensten Entwicklungen heraus, wie auch neuen Erkenntnissen, die damals natürlich noch viel aussagekräftiger waren, da sie noch selten waren.

Kürzlich schaute ich eine Sendung, die auch sehr aufschlussreich war und erneut zeigte, dass es für alles immer Erklärungen gibt, man muss nur an den richtigen Stellen und lange genug suchen, dann findet man alles.

Archäologen befassen sich derzeit mit spezieller Schatzsuche, sie graben nach Paleo-Fäkalien, uralte konservierte Ausscheidungen, die uns unsere Vorfahren hinterlassen haben. :)

Ernährungstechnisches, was sich daraus herausstellte, war, dass die Menschen aus der nördlichen Halbkugel Milchprodukte besser verdauen können und vertragen. Heute sind bis zu 80 % der skandinavischen Bevölkerung laktosetolerant, danke der Vorfahren, welche die Wikinger waren. Dies entwickelte sich aufgrund der kargen Landschaft, anhand derer war das Betreiben von Landwirtschaft eher weniger möglich und daraus resultierend, ernährten sie sich hauptsächlich von Milchprodukten. Dies finde ich sehr spannend und animiert mich, ständig mehr hinter die Langzeitwirkungen von Gewohnheiten zu schauen, in diesem Fall den Gewohnheiten in den Darmkulturen, die sich da eine Gewohnheit verschafft haben.

Was ich auch ganz spannend finde, sind die 10 Jahres-Prozesse von den 1930er Jahren, dort gab es eine Musik wie Kleidungsrichtung, 1940er, 1950er, 1960er, 1970er, 1980er, sowie 1990er Jahre. Dies waren die prägendsten Zeiten diesbezüglich, wo man sich klar an diese Zeiten erinnern kann, wegen ihrer jeweils unverkennbaren Musikrichtung und Kleidungsstile, ein extremer Wandel fand statt, wovon es heute Liebhaber zu jeder dieser Zeiten gibt. Jedoch sind diese Prozesse genauso geprägt von viel Leid, Hass, Rassismus und auch von viel Unwissenheit geplagt. Ich hatte gerade kürzlich einen Film geschaut „Dem Himmel so fern", da geht es um eine weiße Frau und einen dunkelhäutigen Mann, die sich erst zu schätzen, dann zu mögen lernen, in einer Zeit, wo es nur schwarz oder weiß gab, also noch Rassentrennung in dieser Region. Daraus resultierend, nachdem sie die Erfahrung mit dem Hass gemacht haben und die Tochter des dunkelhäutigen Mannes deswegen zu Schaden kam und durch einen Stein verletzt wurde, mussten sie feststellen, dass diese Zuneigung keine Zukunft haben kann. Der Hass der weißen Menschen den Schwarzen gegenüber und die Angst der dunkelhäutigen Mitmenschen durch so eine Zuneigung auch in Mitleidenschaft gezogen zu werden, durch diese Erkenntnis waren beide Seiten blockiert und haben sich gegen diese Liebe entschieden. Dies zeigt diese gesellschaftlichen Missstände an Unwissenheit und innerlichen Blockaden, die sich über Jahre entwickelt und aufgestaut hatten, mussten erst durchbrochen werden.

Unsere festgefahrene innere Blockade können wir auch uns gegenüber durchbrechen, indem wir anfangen uns selber zu reflektieren und die Klarheit und die Wahrheit in uns zu finden, mit den uns zur Verfügung stehenden Möglichkeiten, welche heute unbegrenzt sind. Du hast es selbst in der Hand jetzt zu handeln und dein Leben in die richtigen Bahnen zu lenken, in allen Bereichen.

Vereinfachte und effizientere Prozesse

Jedoch gibt es auch beim Thema Prozesse, die Möglichkeit, sich die Prozesse zu vereinfachen, indem man eine Gewohnheit in kleine Abläufe minimiert und sich zum Beispiel für die sportlichen Aktivitäten wie Fitnesstraining auf kurze Einheiten, also Übungsdauer runterschraubt. Das bedeutet, ich mache eine Übung mit NUR einer Wiederholung, dies bedeutet bei 8 verschiedenen Geräten à einer Wiederholung, dass du fürs ganze Training etwa 10 Minuten benötigst. Um sich kleine, aber stetige Gewohnheiten anzueignen, sind diese Vorgehensweisen am effizientesten, da diese Schritte in einer Gewohnheit nur als Routine dienen sollen. Die Kürze oder Länge kann jederzeit auf andere Gewohnheiten angepasst werden, dass du in der Planung deines Tages eine gute Balance wie Rhythmus erschaffst. Alles ist stetig flexibel und du kannst die Gewohnheiten ausdehnen oder kürzen, jede einzelne und jederzeit.

Diese kurzen, sehr einfachen Gewohnheits-, Aneignungsprozesse kannst du bei allem anwenden, überall da, wo du etwas mehr Überwindung brauchen solltest. Dies kannst du so individuell voll auf dich zuschneiden und je nach Kürze oder Länge der Gewohnheit des Prozesses wirst du für die eine Gewohnheit etwas weniger lang brauchen und für die andere eben dafür etwas länger. Das spielt überhaupt keine Rolle, du hast massig Zeit. Sobald du eine Gewohnheit angeeignet hast, kannst du direkt mit der nächsten starten. Und so entstehen nach und nach Gewohnheiten, die zu Routinen werden, über die du auch gar nicht mehr nachdenken musst, sie sind jetzt in dein Leben, deinen Alltagsrhythmus integriert, ein Teil von dir.

Mit den kurzen, fast nicht spürbaren Gewohnheiten hast du die einzigartige Möglichkeit, dir innerhalb kurzer Zeit mehrere solcher Kurzzeit-Gewohnheiten in deinen Wochenplan einzubauen und wirst so nicht nur diese Gewohnheiten nach und nach in dein Leben integrieren, sondern, was hier vielleicht für dich noch nicht erkennbar ist, tägliche Erfolge feiern. Somit werden dein Selbstvertrauen (ich traue mir viel mehr zu, Handlungen zu vollziehen, auch über mein neu erlangtes Selbstbewusstsein) wie Selbstbewusstsein (ich beginne zu spüren, wie ich von Innen stärker werde, mir meiner Fähigkeiten fortlaufend bewusster werde und meine Motivation steigt) stetig und kontinuierlich wachsen, folglich stellt sich mit der Zeit ein exponentieller positiver Fluss an Energie, Motivation und Dauergrinsen ein. Du wirst spüren, jetzt schaffe ich alles, was ich mir vornehme und ich werde mich lebenslang verpflichten. Denn ich kann alles erreichen. Das brennende Verlangen wird durch Disziplin und Beharrlichkeit zu einer Einheit und du wirst Feuer in dir entfachen.

Jeder, der eine Sportart, eine Kunst, ein Instrument oder Gesang erlernt hat, weiß genau, was dies für ein Prozess war und wie viel Zeit das benötigte, um sich dies anzueignen. Es ist ein jahrelanger Prozess, wenn man zu einem Profifußballer werden möchte, wie auch Sänger oder Sängerin zu werden. Alle Menschen, die einen Profisportler, Sänger, einen Künstler oder sonst einen Profi auf seinem Gebiet in Aktion sehen, die sehen immer nur die Spitze des Eisbergs. Jedoch was der ganze Weg bis dahin für ein Aufwand war mit allen Hindernissen und Leidenswegen, da sieht man nichts mehr davon, es sieht alles so einfach aus. Es gehören sehr viel Wille, Ausdauer, Disziplin und Beharrlichkeit dazu oder auch, anders ausgedrückt, ein brennendes Verlangen dies zu erreichen bis zum Profi, dass man auch unaufhörlich dranbleibt, egal was kommt, weil man im Innen genau weiß, man wird es erreichen, wie lange es auch immer dauern wird, ich gebe nie auf.

In diesem Buch geht es darum, in einem angenehmen Tempo, wie bereits erwähnt, als Zeitmillionär (mit der Entscheidung 2 Jahre für mich zu investieren) zu einem grundsoliden Fundament deines ICH's zu erreichen, mit dem brennenden Verlangen im Hintergrund, alles zu erreichen, was ich mir als Zwischenziel setze (hier muss ich noch erwähnen, was den meisten bereits bekannt ist, „der Weg ist das Ziel“, hier der goldene Weg = PPTT). Warum eigentlich goldener Weg? Weil der Weg keine Grenzen haben muss, wie auf eine Goldader, die sich auftut und man mit der Zeit plötzlich auf Gold stößt, indem man feststellt, wie alles einfacher wird. Und so entsteht in jedem Thema welches du angehst, wie ein Fluss, der einfach fließt, egal was ihm in den Weg kommt, er fließt drumherum. Mit dem Generalschlüssel (Passepartout), des Erfolges kannst du jede verschlossene Türe = (zuvor unüberwindbare Situation oder Thema) während des Weges irgendwann öffnen.

In erster Linie werde ich alle Vorkehrungen treffen und dies für mich und meine Familie, Freunde und alle anderen Mitmenschen wissen lassen, aussortieren, falls Zeitfresser und negative Menschen im Umfeld sind, Gesundheit sollte immer oberste Priorität in der Planung sein. Morgen- und Abendroutinen sind sehr wichtig, hilfreich und unumgänglich. Tagebuch und Erfolgsjournal für die nötige Tagesstruktur als Unterstützung mit Dankbarkeit vereinigt in der Tagesstrategie einbauen, dazu stetiges Lesen und Hörbücher-Hören, wann immer möglich. Entspannung in Form von Atemübungen (Atmung ist so enorm wichtig und essenziell für das richtige Atmen und Wohlbefinden), Yoga, Meditation, völlige körperliche und geistige proaktive Entspannung mit Musik, Dehnen, kalt Duschen und Wechseldusche, einfach alle Arten von Entspannung werden in den Tag integriert. Was du für dich auswählst, spielt keine Rolle, finde heraus, was zu dir passt, Hauptsache ist, dass du lernst eine Balance zu schaffen mit der Tageshektik und dem stetigen Stress.

Zu Beginn anfangen mit Loslassen innen (hier werden nach und nach neue Vernetzungen, Synapsen freigelegt und das vernetzte Denken wird freier und freier) wie außen, also gedanklich, muskulär loslassen zum Beispiel (benötigt tiefgründiges Loslassen und wird noch alles ausführlich erklärt in Kapitel 3, was das bedeutet). Weiter benötigt werden Glaube, Liebe, Selbstheilung, positives Denken und das Gesetz der Anziehung nutzen, wohlwollend allen Menschen gegenüber, kein Platz mehr für Negatives. Emotionen als Steuerrad nutzen, die Balance in jedem Bereich, Klarheit in allem, das Unterbewusstsein, welches die Heimat der Seele ist, als stärkste Kraft in Verbindung mit der unendlichen Energie nutzen lernen. Wichtig ist auch zurück zum Ursprung der Natur, lasse dich wieder verschmelzen mit der Herrlichkeit, Schönheit und der energiespendenden Erde, das Leben um uns, erweckt das Leben und die Energie in uns.

Mach dir auch hier klar, lass dir Zeit, nutze die Kurzzeit-Methode zum Aneignen dieser Gewohnheiten in diesem wichtigen Bereich. Nehme auch hier die Vorbilder der großen Philosophen, die von all diesen Dingen bereits damals sprachen.

Nehmen wir jetzt mal den ganzen Prozess mit der Situation und Auseinandersetzung mit Covid-19. Wie war es uns möglich die Pandemie, welche die ganze Welt betroffen hatte, wieder etwas einzudämmen und einen Überblick über die Gesamtsituation dieser Notsituation zu verschaffen ... Man hatte nach Vorgaben des Bundes, alle Vorkehrungen „bestmöglich" getroffen dazu, wie Maskenpflicht, Kontaktbeschränkungen, Ausgangssperren usw. Das Ganze, wie Fallzahlen und Ungewissheiten, so gut wie möglich einzuschränken und so gut wie möglich wieder auf eine Grundbasis, der Zeit vor Covid, zu bringen. Nehmen wir jetzt dieses Überlegungsprinzip auf den Einzelnen oder aber eben am besten so viele Menschen wie möglich, die ihr Leben so gut wie möglich auf null stellen werden, sich eine gesunde grundsolide Basis schaffen, mit den Gedanken auch finanziell gut und stabil dazustehen. Wie aber auch gleichzeitig den wohlwollenden Gedanken, dem Außen helfen zu können (also wir handeln sozusagen als unsere innere Regierung, wir machen für uns Sinnbildlich einen innerlichen Lockdown, verschaffen uns einen Gesamtüberblick und befreien uns damit von negativem, Krankmachendem Ballast). Mit dem Außen meine ich beispielsweise hilfsbedürftigen Kindern, alten Menschen, Tieren oder unserer Mutter Natur. Entscheide dich dafür und du entscheidest dich für Stärke und deine Zukunft für dich und auch deine Umwelt wie auch allen deinen Vorhaben in der Zukunft. Schaffen wir uns eine persönliche Sicherheit in einer unsicheren und aus den Fugen geratenen Welt.

Der Prozess des Loslassens ... Befreien wir uns von allen Altlasten, allem, was uns aufhält aus der Vergangenheit. Alle negativen Gedanken und Erlebnisse, die uns nur im Weg stehen, um Langezeit ohne Einschränkungen glücklich sein zu können. Drehen wir es und sehen oder versuchen ab sofort die eine oder mehrere positive Dinge an etwas zu finden, was in uns sonst negative Gedanken oder Gefühle auslöst oder auslöste, wenn es noch so klein ist. Und ab heute, wenn wir an diese Person oder Ereignis denken, dann den-

ken wir nur noch an Positives. Wünsche diesen Menschen gleichzeitig für ihre Zukunft alles Gute und lass los.

(Hierzu kann beispielsweise die 1 % Methode und, oder die Tiny Habits Methode für die kleinen stetigen Schritte als intensive Vorgehensweise genutzt werden).

Resilienz

Wir machen uns hier mit der großen Menge an Zeit und der Arbeit mit dem Buch die Hilfe des sogenannten Flow zunutze. Wahrscheinlich hat bereits jeder so einen Flow erlebt in seinem Leben, es ist ein Erfolgserlebnis, das sich ans nächste reiht. Was die meisten hier erleben bei so einem Flow, ist, dass irgendwann meistens der Gegenpol kommt, dass nichts mehr gelingt und die Negativspirale einen im schlechtesten Fall sogar zu überrennen beginnt. Mit der Hilfe des PPTT wollen wir diese Extreme brechen und eine gute Balance schaffen. Wie auch mit den stetigen sehr kleinen, jedoch kontinuierlichen Erfolgserlebnissen diesen Flow aufrechterhalten und durch die verschaffte Klarheit, nie Gefahr zu laufen, zu tief zu fallen, wie auch in keine Negativspirale zu kommen, also innerliche Stabilität im Gleichgewicht halten zu können. Das schaffe ich bereits seit Beginn meines Weges, ich hatte nie eine längere negative Phase als vielleicht 1-Stunde plus, minus. Jedoch ist dies kein Maßstab, dies ist nur, um aufzuzeigen, dass es funktioniert. Dazu habe ich auch bereits Referenzen von einem Probanden, dem ich alles im Buch Beschriebene, 1:1 aufgezeigt hatte und er sich erfolgreich befreite, dazu sich exponentiell ins positive entwickelt hat. Es sind enorme Entwicklungsschritte, die mir aufzeigten, dass es nicht nur bei mir, in so einer rasanten Geschwindigkeit funktioniert. Wir treffen uns sehr oft und er teilt mir jedes Mal seine Fortschritte mit. Er hat gerade einmal etwa 8 Monate hinter sich (Stand 10. Mai 2023) und es ist schön zu sehen, wie gut es ihm bereits heute im Vergleich zu vorher geht. Mein Proband war ein Suchender, nach seinem Weg, zu sich.

Die Vernetzung und Verschmelzung aller gängigen Methoden der Persönlichkeitsentwicklung

Jedes Werk ist für sich ein Meisterwerk, das eine findet mehr Gleichgesinnte und das andere stößt auf weniger Anklang. Jedoch liegt das nicht nur immer am Werk selber, es gibt verschiedene Faktoren, die da zum Tragen kommen können. Wie zum Beispiel die Vermarktung anhand von Werbung und wer dieses Buch vermarktet hat, kleiner oder großer Verlag und dessen Stärke im Markt. Auch was für eine Tragweite oder Bekanntheitsgrad der Verlag oder die Werbefirmen oder sonstigen Werbenden haben. Wo das Werk überall angeboten und zu finden ist usw. Das erwähne ich nur, um nochmals klarzumachen, dass jeder ein Meisterwerk geschrieben hat in meinen Augen.

Des Weiteren dreht sich jedes Buch der Persönlichkeitsentwicklung darum, sich in gewissen Bereichen, bestimmten Themen des Seins und deren Entwicklungsschritte, Unterstützung und Erkenntnis zu schaffen. Intensive Arbeiten mit ausführlicher und detaillierter Erklärung ermöglichen es damit einem, sich darin weiterzuentwickeln und vielleicht sogar selber irgendwann Profi in diesem Bereich werden zu können.

Finde die richtige Kombination, die Verbindung und Vernetzung zwischen meinem Buch und deinen dir wichtigen Büchern, die dir helfen in deiner Entwicklung, von Persönlichkeit und Beruf.

Was also bedeutet, beginne mit annehmen (dazu gehört auch mal akzeptieren zu können), Loslassen und Vergeben, von Negativem befreien, auf positiv fokussieren mit Dankbarkeit und Wohlwollen, Klarheit schaffen und stabilisieren, Körper, Geist und Seele in eine Balance bringen, sich bei den Finanzen einen Gesamtüberblick verschaffen, deinen Traumjob finden, das Leben voll und ganz auf dich ausrichten mit Zwischenzielen, somit ein solides Komplett-Fundament erarbeiten.

Die Arbeit an deiner Entspannung und das Gleichgewicht in der Erholung in deinem Alltag über Meditation, Konzentration und fallen lassen in der Ganzkörper Entspannung, richtiges Dehnen, Spaziergang im Wald, Yoga, Atemübungen aller Art, Massagen, Fußbad, Entspannungsbad, Sauna, Hamam, Whirlpool usw. müssen unbedingt integriert werden, jeder pickt seine Dinge raus, was ihn anspricht. Ich musste auch herausfinden, was mich am besten entspannt. Es können auch Kombinationen sein, was ich auch oft mache.

Was gar nicht geht und ich schon oft gehört habe: Man könne sich beim Playstation spielen am besten entspannen ... Dann hat man nichts verstanden. Wir sind und leben ständig umgeben von Stress und Außeneinflüssen, da braucht unser Körper einen Ausgleich. Auch Sport und Playstation sind zwar gut als Ausgleich zum Abschalten, jedoch ist auch das keine Entspannung. Ausgleich und Entspannung für die gesunde Balance sind zwei verschiedene Paar Schuhe.

Ich habe mich mit den für die Persönlichkeitsentwicklung wichtigsten Bereichen, also den Grundstrukturen, sehr intensiv auseinandergesetzt, wieder und wieder gelesen und analysiert, wie auch Selbsttests gemacht, in dem 2 Jahres Prozess meines Weges des Passepartout. Seit über 15 Jahren mit dem einen Thema mehr, mit dem anderen noch intensiver und vielseitiger, die letzten 2 Jahre täglich. Darum kann ich auch sagen und behaupten, man kann alles ineinander verschmelzen lassen und alles zur gleichen Zeit angehen, wenn man sich nicht selber im Weg steht. Denn das ist, was ich getan und geschafft habe und hier in diesem Buch wiedergebe. Das kann jeder Einzelne schaffen auf die auf ihn zugeschnittene beste ICH-Form, wenn man bereit ist. Als Zeitmillionär wirst du ziemlich schnell feststellen, dass dies sehr gut realisierbar und nach nicht allzu langer Zeit auch eine Gewohnheit wird.

Früher haben die Menschen für die Freiheit und Unabhängigkeit gekämpft und heute kämpfen wir für inneren Frieden, Freiheit und finanzielle Unabhängigkeit. Es wird immer einen Grund geben für etwas zu kämpfen, jedoch wer zuhause sitzt und auf ein Wunder wartet, der wird vergebens warten.

Ziele oder Zwischenziele, das ist für mich keine Frage mehr ...

Zwischenziele lassen dich stetig wachsen und Ziele sind endlich und stoppen vielleicht deine Entwicklung. Dein Streben sollte lebenslanges Lernen und mentales Wachsen, also weiterentwickeln sein. Dementsprechend lassen dich Zwischenziele automatisch wieder neue Zwischenziele setzen, somit entsteht das perfekte Bindeglied zum Weg, der ja wissentlich das Ziel ist. Demnach reiht sich das Ziel zwischen die Zwischenziele ein. Finanzielle Freiheit oder finanzielle Stabilität sind eines der wichtigsten Themen neben der Gesundheit, deinem Unterbewusstsein und die Klarheit, die daraus geschaffen wird auf dem Weg, dem inneren Frieden, den man erlangt durch die Dankbarkeit, welche man mit der Zeit lebt, so wie auch dem Wohlwollen, dass man anderen Mitmenschen gegenüber entgegenbringt. Dazu den Glauben an sich und das Gesetz der Anziehung, wie auch das brennende Verlangen, welches durch die Prozesse entfacht wird. Es entstehen Emotionen, die dich durchströmen werden mit all diesen Vorgängen, wie eine Energieflut. Dazu entsteht hier auch die wichtige gesamtheitliche Balance und nicht zu vergessen, dein Warum und dessen Warum dahinter, die Hintergründe derer mit der Wichtigkeit dafür, welche du unbedingt wissen solltest, um der Klarheit einen Weg zu geben. Alles andere lässt sich in diese wichtigsten Themen einreihen und verschmelzen. Anhand dieser Basis kannst du deine Zukunft planen und dir aufbauen.

Die größte Liebe

The Greatest Love of all (Titel des Liedes), Whitney Houston, sang es in einer wunderschönen Liebes-Hymne, engelsgleich mit der berührenden Stimme aus den 80ern, in den Anfangszeiten ihrer Karriere. Hier singt sie über die größte Liebe von allen, die Selbstliebe! Die Selbstliebe ist die Liebe zu unserem Schöpfer, der in uns wohnt. Der Schöpfer besteht aus dem Hauptanteil unseres Unterbewusstseins, das die Gewohnheiten ausmacht, wie auch unsere Glaubenssätze und diese Kombination bestimmt unsere Emotionen auf Ereignisse und Situationen. Indem wir unsere positiven Emotionen mit unserem Körper, unserer Seele und unserem Geist verbinden, wird das Leben nach und nach leichter. Mit der Reinigung und Entgiftung unserer Gedanken und Körper wird dies umso leichter fallen, auch zur Selbstliebe zu gelangen. Unsere Selbstliebe kann in jedem Bereich ihre Erfüllung entdecken und so ein harmonisches Zusammenspiel komplettieren, egal welchen Bereich du noch angehen möchtest.

Solche Beispiele an Denkprozessen finden bei einem negativ denkenden Menschen statt, hierzu zählte ich mich auch in meinem bisherigen Leben, durch Unsicherheiten und Unzufriedenheiten entstehen diese falschen und negativen Glaubenssätze wie: „Ich bin nicht gut genug, wer kann mich schon lieben, dies und das stört mich an mir, das kann ja niemand schön oder gut finden, wenn ich nicht mal selber klarkomme damit … “ usw. Da gäbe es noch hunderte solcher Beispiele, was für ein Kopfkino man hat und die ständigen unaufhörlichen Gedankengänge, wenn man mit Selbstzweifeln geplagt und überflutet wird. Ohne Selbstliebe ist man nicht imstande jemand anderen zu lieben. Viele suchen im Außen durch die Liebe eines anderen uns gegenüber, die Liebe zu uns, Individuen, die in ihren Selbstzweifeln gefangen sind. Aber das merkt man natürlich nicht selber. Viele entwickeln es bis zu Hass auf sich selber und suchen dann irgendwelche Ventile, um sich wieder Luft zu verschaffen … der Schrei nach Aufmerksamkeit.

Es gibt kein besseres Transportmittel für Emotionen als die der Musik und wenn dazu noch ein Saal gefüllt mit Menschen dazukommt, können diese Emotionen schnell in Fleisch und Blut übergehen. Lass dich tragen und mitreißen mit den Emotionen und der Selbstliebe, hier eine dementsprechende Story, ausgehend von einer berührenden und ergreifenden Lebenssituation heraus. Lily Meola ist eine Sängerin, die an der amerikanischen Originalfassung von „Deutschland sucht das Supertalent", die als AGT bezeichnet wird, teilnahm. Die ergreifende Geschichte ihres Kommens ist, dass sie eigentlich bereits eine erfolgreiche Sängerin mit einem Rekord Label war, dass sie aber leider aufgrund der erkrankten Mutter und deren Pflege irgendwann aufgeben musste, also wollte, um für sie voll und ganz da zu sein. Bedauerlicherweise hatte es die Mutter dann nicht geschafft und ist gestorben. Die Emotionen waren bereits da sehr intensiv, jedoch bei ihrer Erzählung dessen konnte sie sich dann wieder fangen und als die Jury fragte, wovon der Song handle, sagte sie, es handle von ihr und ihren Tagträumen, dass sie ihre Träume, die sie hat, nicht aufgebe, nur, weil die äußeren Umstände es nicht zulassen in gewissen Momenten.

Songtext: „When we were kids in the backyard, Playing astronauts and rockstars, No one told us to stop it, Called us unrealistic, Then suddenly you're eighteen, Go to college for your Plan "B", What you want is too risky, Live for weekend and whiskey, We all got these big ideas, One day they're replaced with fears, How did we get here? Refrain: Darlin` don't quit your daydream, It's your life that you're making, It ain't big enough if it doesn't scare the hell out of you, If it makes you nervous, It's probably worth it, Why save it for sleep when you could be living your daydream? So scared of failure that we fail to try, Turnin around before the finish line, Gotta fall for a minute before you can fly. Refrain: So daydream, It's your life that you're making, It's ain't big enough if it doesn't scare the hell out of you, If it makes you nervous, It's probably worth it, Why see it for sleep when you could be living your daydream? Why save it for sleep, When you could be living your daydream?"

Songtexte Deutsch: „Als wir noch als Kinder im Hinterhof waren, spielten wir Astronaut und Rock Stars, niemand sagte uns wir sollen aufhören, auch nicht, dass es unrealistisch sei, dann bist du plötzlich

18, gehst aufs College als Plan B, was du eigentlich willst, ist zu riskant, somit erlebst du deine Wochenenden mit Whiskey, wir alle haben diese großen Ideen, eines Tages werden sie durch Ängste ersetzt, wie sind wir hierhergekommen? Refrain: Liebling, gib deine Tagträume nicht auf, es ist dein Leben, das du gestaltest, es ist nicht groß genug, wenn es dich nicht zu Tode erschreckt, wenn es dich nervös macht, dann lohnt es sich wahrscheinlich, warum also nur davon im Schlaf träumen, wenn du es am Tag erleben könntest, wir sind so verängstigt vor dem Scheitern, dass wir es nicht versuchen, dann drehen wir um vor der Ziellinie, du musst nur noch eine Minute fallen, bevor du fliegen kannst, Refrain: Also Tagträume, es ist dein Leben, das du gestaltest, es ist nicht zu groß für dich, solange du es nicht zulässt und aufgibst, wenn es dich nervös macht, dann ist es das wahrscheinlich wert, warum also nur davon im Schlaf träumen, wenn du es am Tag leben kannst, warum es für den Schlaf aufsparen, wenn du dein Traum leben könntest?"

Während des gesamten Liedes war der ganze Saal voll mit Emotionen dabei und jubelte, auch mit Standing Ovations bis zum Schluss und da standen dann alle, auch die Jury, was für ein Bad von Emotionen und Zuspruch wie auch Bestätigung. Lass es auf dich wirken und schau es dir an. Heute hat sie auch ein Video zu diesem Song.

Dieses Lied sagt genau aus, um was es auch hier geht, lass deine Träume und Bedürfnisse nicht sich in Nachtträumen, also Schlafträumen verbleiben, lasse sie in Tagträumen Wirklichkeit werden, also lebe deine Träume, verwirkliche sie und lasse dich nicht aufhalten, weder von deinem Außen noch von deinem Innen, hier hast du die Gelegenheit dies zu schaffen. Ab jetzt hast du deine Träume bereits erreicht und bist nur noch auf dem Weg dahin. Gestalte dir ein Bilderbuch von deiner Zukunft und mache es zur gedanklichen Wirklichkeit.

„Zwei Dinge verleihen der
Seele am meisten Kraft:
Vertrauen auf die Wahrheit
Und Vertrauen auf sich selbst."

– Seneca –

Danksagung

Angekommen bei den Themen Liebe, Emotionen und Entwicklung, möchte ich gerne diesen Moment nutzen. Ich sehe es als guten Zeitpunkt, mich auf diesem Weg noch bei meiner geliebten Mutter Erika Bosshard zu bedanken. Ihre Unterstützung in allen Lebenslagen, ihr stetiges Vertrauen und den Glauben an mich, im Gottvertrauen, dass alles gut kommen wird, egal in welchen Lebenslagen ich mich auch gerade befand, dies hatte mir immer Kraft gegeben. Ich hatte in meinem Leben auch bereits einiges angestellt und meiner Mutter oft auch sehr viel Sorgen bereitet, das ist mir bewusst. In jungen Jahren macht man meist sein Ding und sich weniger Gedanken darüber. Glücklicherweise habe ich heute die Möglichkeit, ihr das auf diesem Wege mitzuteilen. Ich konnte jederzeit bei ihr unterkommen, wenn es an Geld mangelte oder aber auch als ich es für einen Job benötigte, da sich mein Gehalt damals fast um 30 % schmälerte, jedoch ein Job war, den ich unbedingt angehen wollte. Diese Situation war der Anfangsprozess, die mich im Außen viele neue Erfahrungen haben sammeln lassen, mich, meine Entwicklung und die im Umfeld entstandenen Begebenheiten forderten und auf den Prüfstand stellten, doch ich habe die Zeit überstanden und mehr daraus mitgenommen, als ich mir hätte vorstellen können. Aus den schlimmsten Begebenheiten nimmt man die größten Erfolge fürs Unterbewusstsein mit. Ich habe mich ständig auf ihre Unterstützung verlassen können, ohne Vorwürfe, verständnisvoll für die Entwicklung, die ich durchgemacht habe. Sie gab mir schon immer Rückendeckung und dafür bin ich sehr dankbar. Sie ist nie davon abgewichen und mit ihrer Sicherheit, und vor allem Liebe, die sie rüberbrachte und mir auch gab, nicht nur finanziell, sondern auch keine Zurechtweisungen und Vorwürfe, das gab mir stets viel Kraft und Stärke in diesen Zeiten. Sie wusste immer tief in ihrem Unterbewusstsein, dass ich es wieder hinbekommen werde. Somit vielen Dank Mama, ich liebe dich, du bist die Beste!

1.

Mein Entscheid, ich nehme mir ab sofort 2 Jahre Zeit für mich und meine Persönlichkeitsentwicklung

Verpflichtung

Ich hoffe, du hast diesen Entschluss bereits verinnerlicht und dich dazu verpflichtet und mit deiner Unterschrift dies besiegelt?

Mach dir bewusst, in 2 Jahren sind sowieso 2 Jahre vergangen. Also du kannst dich hier und jetzt entscheiden, diese Zeit soll einfach sein wie bisher oder du kannst in diesen 2 Jahren zu jemandem werden, der den Rest seiner Zukunft sein Leben in sein Traumleben verwandelt, somit komplett selbst in die Hände nimmt. Du wirst in diesen 2 Jahren mehr erreichen können, als du es dir je vorstellen könntest, denn das sind Blickwinkel, die du noch gar nicht kennst. Du kannst dir auch nicht vorstellen, was dein bestes ICH ist, aber hier kannst du es endlich herausfinden.

Dies hatte ich bereits im Vorwort erläutert und dich dazu animiert. Ohne diesen Entscheid und die Verpflichtung dir gegenüber macht das Weiterlesen keinen Sinn, denn nur mit dieser Verpflichtung und Umsetzung dessen, wird der ganze Rest funktionieren.

Es geht darum: Nur wer sich zu 100 % darauf einlässt und sich diese Zeit für sich selbst nehmen will, dem ist die persönliche Erfolgsgarantie wichtig genug und sicher. Das bedeutet, dein Leben insgesamt auf eine optimale Ausgangslage runterzufahren, für deine weitere Zukunft zu erschaffen und dies in allen dir wichtigen Bereichen gleichzeitig in einer Balance ohne Druck und Distress (negativen Stress) zu ermöglichen. Mach dir klar, Zeit kommt nicht wieder zurück, also alles, was wir von heute an tun, sollte gut investierte Zeit in uns selbst sein.

Wir können auch unser Alter anhand von der Alterszahl nicht zurückschrauben, aber was wir können, mit einer erreichten gesamtheitlichen Balance, unser Leben verlängern und unserem Körper, Geist und Seele Leben und Energie einhauchen.

Hier folgt eine wichtige Wiederholung für deinen Weg des Passepartout:

Du wirst deinem ganzen Umfeld mitteilen, dass du dir Zeit nur für dich nehmen wirst ab sofort, für deine Entwicklung und deine Zukunft, dies ist sehr wichtig und unumgänglich. Deine Freizeit wirst du NUR für dich nutzen und den Kontakt mit Mitmenschen auf ein absolutes Minimum reduzieren, auch zu der Familie, es geht NUR um dich. Und Menschen, die dir nicht guttun, weil sie dich runterziehen und dich mit ihren Problemen belagern, mindestens für diese Zeit komplett aus deinem Leben auszusortieren ohne ein Wenn und Aber. Du umgibst dich nur mit gewinnbringenden Mehrwerten, die rein deiner Entwicklung dienen.

Mit dieser Entscheidung und Handlung befreist du dich innerlich bereits enorm, denn ab da wirst du feststellen, wie viel Zeit du plötzlich hast für dich. Und dies ist erst der Anfang!

Es funktioniert wie der berühmte Satz: „Das Problem an der Wurzel packen.“ **Und anstatt, einzelne Probleme an der Wurzel zu packen und somit nur die Symptome deines Seins zu behandeln, was bei den meisten nicht viel bringt, NIMMST DU DEIN GANZES LEBEN UND PACKST DIES AN DER WURZEL.** Diese Methode gab es bis jetzt so noch nicht. Dazu dir die Zeit „Nur“ für dich, 2 Jahre, zu nehmen und dich somit zum Zeitmillionär zu machen, das Mitteilen allen gegenüber, dich auch fernzuhalten von Ablenkungen und Negativem. Durch Loslassen dann Freiheit zu schaffen, dem Negativen keine Achtung mehr schenken und über den Fokus zur Dankbarkeit und dem Wohlwollen, dafür im Gegenzug, diesen Werten Beachtung und volle Aufmerksamkeit zu schenken. Somit gilt es, sich ständig aufs Neue zu besinnen und allen Menschen bestmöglich die Dankbarkeit und das wichtige Wohlwollen entgegenzubringen. Mit der Kontinuität entstehen auf dem Weg auch hier Gewohnheiten, die zu Routinen wachsen.

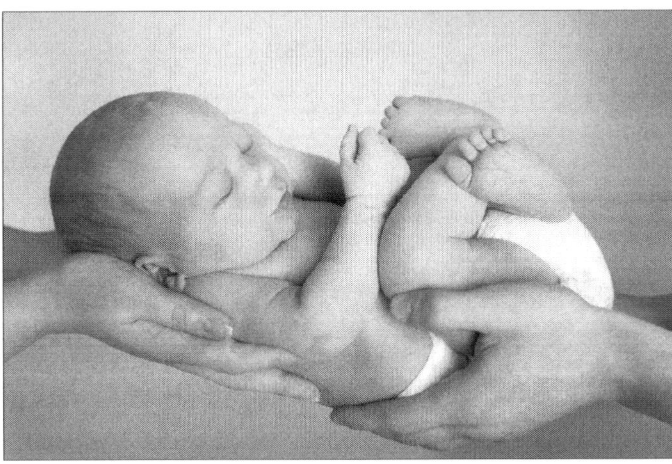

Und hier ist es ganz wichtig mal auszuatmen und sich mental runterzufahren! Mach dir klar, jetzt habe ich für ALLES, ALLE Zeit der Welt. Keinen Druck mehr, außer du verbindest ihn mit positivem Druck. Mach dir das jedes Mal erneut klar, wenn du wieder anfängst in gewissen Situationen dir selber negativen Druck zu erzeugen, mit dem Glauben es schnell erreichen zu müssen, wenn dann nur positiver Druck, denn positiven Stress brauchen wir, um uns zu pushen und das ist auch in Maßen gesund. Genieße und nutze deine Zeit für dich. Habe keine Erwartungshaltungen anderen gegenüber, wie aber auch dir gegenüber darfst du keine zulassen.

Stell es dir so vor, du pflügst den Acker deines Lebens, um dann wieder neu anzusäen. Was wir ja wissen, wenn die Bauern pflügen, dann geschieht das, um der Saat eine optimale Grundlage zum Wachsen zu geben. Und wenn wir Kartoffeln ansäen, dann entstehen Kartoffeln, wenn wir Weizen ansäen, dann entsteht Weizen und was mal gesät ist, kann man irgendwann ernten. Beim persönlichen Pflügen und Säen verhält es sich genauso, durch das Auflockern der Erde ist im Mentalen Sinn gleich, durch das Aussortieren negativen Ballast, Loslassen und Vergeben (so schafft man Platz für Positives und Entlastung insgesamt). Die neuen positiven Gedanken und das neu Erlernte können aufgenommen werden und später können die Entwicklungen und Erfolge daraus geerntet werden. Aber egal was und wie viel wächst, mach dir eines immer klar, schlachte nicht deine goldene Gans, wenn du finanzielle fortschritte machst, wie dies Bodo Schäfer bezeichnet in einer Geschichte, die er erzählte, aus dem Buch Gesetze der Gewinner. Bedeutet, schaffe dir Stabilität zwischen Einnahmen, Ausgaben und Spaß am richtigen Umgang damit, anhand verschiedener Konten.

Betrachte dich jetzt mal als volles schmales Glas (schmales Glas, weil du eine eingeschränkte Sicht hast, Blickwinkel) und das Glas ist bis oben gefüllt, mit dem Ganzen, was dich ausmacht an Gedanken. Durch die negativen Einflüsse und Gedanken, die ständig auf einen einprasseln, lösen diese Blockaden aus, die dich vor natürlich freiem vernetztem Denken fernhalten, dich einengen und dich lahmlegen, was deine Entwicklungsmöglichkeiten angeht. Diese Überlastung und teils Selbstsabotagen entstehen meist aus Unwissenheit, bei deinen täglichen Herausforderungen wie zum Beispiel bezüglich Überforderung deinen Kindern gegenüber, deiner Arbeit, deiner Beziehung, deinen Geldsorgen, deiner Figur, dann aus der Kindheit festsitzende Gedanken, einfach alles, was die ganzen Jahre bereits abgespeichert wurde an Blockaden bis heute. Es können auch falsche Glaubenssätze sein, alles, was dich vom klaren und freien Denken abhält. Alle diese Beispiele speichern sich bei dir als negative Belastung ab in deinem Unterbewusstsein und das, was jetzt passieren wird, wenn das Glas voll ist, das kann sich jeder vorstellen, es läuft über. Dies passiert bei dir sinnbildlich gesprochen, durch die ganze Masse an Ballast und Negativem bist du so blockiert, dass du keinen Platz mehr zum Aufnehmen hast, es kommt etwas, was du lernen willst und du kannst es nicht abspeichern, es gibt einfach keinen Platz mehr, der muss erst wieder geschaffen werden.

Jetzt hast du dir vorgenommen dich an einem Seminar anzumelden, die Euphorie ist groß, denn die Thematik ist genau das, was du benötigst, um dein Vorhaben voranzutreiben, gesagt, getan.

Das Problem, was hier entsteht, ist bereits von vornherein klar, da mir dies auch schon passierte, ich ließ mich inspirieren und es war alles sehr eindrücklich und auch noch klar bis zu diesem Zeitpunkt. Dies muss doch funktionieren, dachte ich mir und innerlich fühlte ich es so richtig, ich konnte mich zu 100% damit identifizieren. Doch dann, nach einer Weile des Lernens, als ich mich weiter damit befasste und las, nahm mittlerweile die erste Euphorie ab und auch das Lernen ließ nach. Die Gedanken wandeln sich jetzt in die alten Verhaltensweisen nach und nach zurück, wie auch die ersten Gedankenerfolge verpuffen ziemlich schnell wieder, dein bereits volles Glas läuft über, weil dich deine negativen Gedanken überfordern und du vielleicht auch gleichzeitig noch dazu an ein zweites, ein finanzielles Problem gestoßen bist, was deine Motivation ins Wanken gebracht hat.

Dein schmales Glas (voller Speicherplatz und dazu nicht offenes Mindset) war einfach zu voll und ist nicht mehr wirklich aufnahmebereit, dann kommen Gedanken wie, ich musste mich dazu überwinden oder, noch schlimmer, mich dazu zwingen, denn ich hatte ja bereits dafür bezahlt, dann kann ich nicht einfach aufgeben.

Dies ist nur ein kleines Beispiel, wie unsere Denkprozesse und Verhaltensweisen ungefähr ablaufen, ohne sich Luft zu verschaffen in unserem Gedankenüberfluss, wie: Gedankenbereinigung, Resetten der Gedanken, also wie dein Acker des Seins Pflügen funktionieren, oder eben nicht funktionieren.

Es ist an der Zeit sich aus diesem Teufelskreis zu befreien von diesen Negativspiralen, die unendlichen Stressfaktoren, denen wir uns ständig aussetzen und uns am Wachsen und an unserer Entwicklung hindern. Wir verkriechen uns in der Komfortzone, weil wir keinen Ausweg finden, und verstecken uns hinter Selbstlügen und betreiben Sport oder machen Diäten beispielsweise, egal welchen Bereich es betrifft, jedoch ist es meistens nicht in einer Balance zu unserem Leben, wir verfallen in Extreme zu unseren Vorhaben und vor allem unserer Gesundheit, bedeutet unsere Zwischenziele in unserem Leben. Die richtige Balance sollte einem ein Anliegen sein, diese zu finden.

All das wird mit dem PPTT und den 2 Jahren für dich möglich.

Du machst gleich zu Beginn mit den ersten Prozessen dein schmales Glas leerer und leerer, verbreiterst es, indem du während der Startprozesse mit dem Annehmen, Loslassen und Vergeben dir enormen Platz verschaffst. Jetzt wird es um ein vieles breiteres und größeres Glas, da du dich jeden Tag weiterentwickelst mit Lernen, du füllst es nach und nach mit dem Fokus voll auf positiv auf. Das Nächste, all das Positive nimmt sehr, sehr wenig Platz ein und füllt sich langsam und stetig auf, somit wird sich dein Glas gleichermaßen weiter vergrößern, wie es sich auch füllt.

Resultierend wirst du zukünftig nie mehr ein volles Glas haben, weil dein ganzes Leben in einer ausgeglichenen Balance von nun an verlaufen wird, alles wie ein warmer Fluss mit angenehmen 28 Grad.

Klar wird es nach wie vor auch Momente geben, in denen du Luft ablassen musst, sozusagen dein Ventil entlüften, weil du dich kurzzeitig aufregst, jedoch sind diese Momente kurz und du hast schnell oder schneller die richtige Lösung dazu gefunden.

Notiere Ideen, die dir kommen, auch Verbesserungen oder positive Fortschritte, in dein Tagebuch oder Erfolgsjournal.

2.

Positives vs. Negatives, lasse nur alles Positive in dein Leben, das Negative kann uns nur blockieren

*„Wer etwas will, findet Wege.
Wer etwas nicht will,
findet Gründe."*

– Dalai Lama –

Das ganze Leben dreht sich um Emotionen. Eine der schönsten Emotionen ist die Dankbarkeit, wer diese anfängt zu leben und auch bewusst auszusprechen, empfängt gleichzeitig auch ungemein viel an Emotionen zurück. Auch sich selbst gegenüber sollte man Dankbarkeit empfinden und dies auch immer wieder mal an seinem Spiegelbild mitteilen. Die ersten Schritte in die Dankbarkeit funktioniert am besten mit einem Tagebuch oder sonstiges (z. B. auch Handy Notizen), Notizen gefüllt mit positiven Emotionen und auch Negatives, was du als Lernprozess verwendest, Positives stetig hervorheben und negatives zum Verbessern oder zum Loslassen. Alles, was man aufschreibt, verstärkt diese Emotion noch mehr. Ich habe im Dezember 2020 mit einem genialen Tagebuch als Unterstützung angefangen, es gibt da bereits sehr gute Versionen, finde es heraus ... (Tipps: Das 6 Minuten-Tagebuch, Das 6 Minuten-Erfolgsjournal).

Morgenroutinen und Abendroutinen sind auch enorm wichtig, denn der Start in den Tag soll dir Energie und ein positives Gefühl auf den Weg geben. Und der Abschluss vom Tag sollte dir einen entspannten Übergang in die Nacht bringen. Um sich langsam an diese neuen Gewohnheiten anzunähern, kannst du auch hier gleichzeitig mit dem Tagebuch und Erfolgsjournal starten. Die Vorgehensweise kannst du auch kurz halten, dir eine

Zeitvorgabe setzen, wie beispielsweise von 1 Minute pro Eintrag, bis du es als Gewohnheit in den Tag integriert hast. Man bedenkt das Gesetz der Anziehung, denn worauf man den Fokus legt, das wird einem im Überfluss zuteilwerden, bedeutet es überwiegt immer mehr dem negativen und wächst, das ist ein unwiderrufliches Gesetz. Somit gilt es den Hauptfokus auf das Positive zu legen. Was auch nicht bedeutet, dass es immer mehr werden muss, aber positiver in der Veränderung deiner Entwicklung, Verbesserungen oder Optimierungen sind es auch. Resultierend verbindest du dich mit den positiven Schwingungen.

Also je mehr wir uns von allem unnötigen negativen Ballast lösen, desto freier werden wir und schaffen den nötigen Platz für all das Positive. Mit unnötigem Ballast, da meine ich alles, wie Frustration, Mobbing, Groll, Hass, Wut, Neid, Ungeduld, Verbitterung, Misstrauen, von allen Mangelgefühlen, Geldgier, Menschen die einem nicht guttun, schlechten Gedanken allgemein, negatives Denken über Geld, Druck, Stress usw. Aber auch der normale Alltagstrott steht uns zu oft im Weg. Es gäbe noch viele tausende negativer Beispiele, die einen im Leben blockieren, die genannten sind mentale und emotionale Blockaden, wozu die täglichen Herausforderungen wie gewisse Symptome gehören: Man bekommt weniger Atemluft, Schmerzen in den Augen, Pfeifen im Ohr, Angstzustände wie Panikattacken oder Überforderung in einer Situation ... Auch dies sind nur wenige Beispiele.

Jetzt kommen wir zu Beispielen von körperlichen Blockaden wie Verhärtungen der Muskelpartien, Schmerzen an den Knien, Schmerzen im Lendenbereich, Verhärtungen, Gewebe Verklebungen, Verkürzungen in den Bändern, Knochen- oder Gelenkschmerzen, Muskelschmerzen, Zahnschmerzen, schlechtes Hautbild, schlechte Zähne, ungepflegte Füße, Dauerblähungen, öfters Bauchschmerzen, ständige Schwindel usw., auch nur ein kleiner Ausschnitt an Symptomen und Blockaden ...

Dann gibt es noch Ansammlungen von Stress, was zu Herzkrankheiten, zu hohem Blutdruck oder Burnout führen kann. Weiter gibt es Boreout, niedrigen Blutdruck, Asthma, Diabetes, Leberkrankheiten usw.

Dann kommen wir zu Süchten wie Alkoholsucht, Handysucht, Zuckersucht, Drogensucht, Medikamentensucht, Eifersucht usw.

Natürlich nicht zu vergessen sind Ernährung, Sport und genügend Bewegung. Ohne hier eine gute Balance zu finden, können sich viele Probleme daraus entwickeln und oder entstehen.

Oder die bereits erwähnten Blockaden der Mitmenschen, die dich in deinen Entwicklungsprozessen runterziehen oder blockieren. Sie halten dich zurück oder du lässt dich so sehr beeinflussen, dass du nicht weiterkommst. Es verhält sich wie der bekannte Spruch von „den Krebsen im Eimer", mehrere Krebse versuchen aus dem Eimer zu klettern, du bist einer davon, wenn du kurz vor dem Hochklettern und Herauskommen bist, gibt es wieder einen, der dich runterzieht, (obwohl dies von deinen Mitmenschen nicht böse gemeint ist), Das kennen viele und man kann sich das bildlich auch sehr gut vorstellen wie auch damit identifizieren. Der Eimer stellt hier unser eingeschränktes Leben dar, in dem wir uns bewegen.

Ja, alle diese Dinge kann man mit der richtigen Anwendung mit PPTT in Griff bekommen, zumindest nach einer gewissen Zeit im Einklang zu seinem Leben in eine gute und regulierte Balance bringen. Bei den einen oder anderen Themen kann dies etwas länger dauern, darum sind es auch 2 Jahre, die du Zeit hast und ohne Druck wird dies nach und nach Früchte tragen. Wie ... ? Das erfährst du ausführlicher im Kapitel über Loslassen und Vergeben.

Zu bedenken ist, je reiner wir sind in uns, das heißt, je mehr allen körperlichen wie mentalen Ballast wir losgeworden sind, (hierzu gehört auch der finanzielle Aspekt, falls dieser uns im Weg steht), desto näher kommen wir wieder der Reinheit eines Babys, die einzige vollkommene Art des Menschen, welche die Einheit mit der Natur im Einklang erlangen lässt. Damit meine ich nicht nur die Verbundenheit, sondern die Reinheit in Kombination mit Energie, das Gesetz der positiven Anziehung kann fließen.

Wie bereits Heraklit einst sagte, wir sollen uns unserer Einheit bewusstwerden und im Einklang mit dem Fluss und der Natur leben.

Stelle dir das ganze Szenario von deinem Leben und Blockaden mal so vor, es sind wie tausende von Teilchen (Teilchen steht hier für positive und negative Gedanken, wo negative bei den meisten die Überhand einnehmen), die dich sinnbildlich den Wald vor lauter Bäume nicht sehen lassen. Jetzt werden wir aber diese Teilchen in Bewegung bringen mit PPTT, in eine Richtung, davor setzen wir einen Riesen-Trichter, hier werden alle Teilchen in die richtige Bahn gebracht. Danach ganz unten am Ausgang vom Trichter kannst du diese Teilchen in gute und schlechte Teilchen trennen (für dein Leben Klarheit schaffen, Überblick, wie auch in die richtigen Bahnen lenken, was durch Resetten erfolgt). Zuletzt bleiben nur noch die positiven Gedanken übrig, alles nur, was dich in deiner Entwicklung unterstützt, es sind auch negative Dinge, jedoch in der Balance zu dir. Klar wird es Negatives immer geben, wie auch Probleme, wir schaffen uns nur eine gute ausgewogene Balance anhand der bestmöglichen Ausgangslage, woher wir dann den Fokus auf das Positive legen, da Negatives sowieso kommt, sind wir dann aber für alles gewappnet und können mit dem Fokus aus der positiven Basis die bestmögliche Lösung finden. Wir haben eine grundsolide Struktur, die uns in jeder Lebenssituation stützt und abfängt, wie auch stabil die richtigen Entscheidungen treffen lässt. Gedanken sind Energie, wir lassen uns lenken durch Emotionen, aber wir ziehen auch Energie an, somit schließt sich der Kreis und darin liegt die Kraft der Anziehung verborgen. Also je mehr wir diesen Kreislauf schließen können, desto harmonischer wird alles auch im Außen, vom Innen erschaffen. Wir können dies steuern und unseren sogenannten Traumfänger aktivieren durch die Energie und die positiven Schwingungen, die wir in einer Konstante halten können. Also wie es Heraklit bereits einst ausdrückte, man sollte mit dem Fluss der Natur leben im Einklang. Somit gilt, je freier wir im Innen sind, dankbare Grundhaltung entwickeln, Akzeptanz dir gegenüber und nach Außen fördern, desto besser wird alles fließen und sich mit dem Außen harmonisieren. (Um es nochmals zu verdeutlichen, jeder einzelne Mensch war als Baby im Naturzustand, also rein, im Einklang mit der Natur.)

Stell dir mal dich jetzt noch in einem weiteren Szenario vor. Sinnbildlich, deinen Körper im Innen überall mit Seil und Knoten übersät, doppelt bis dreifach, überall im ganzen Körper verteilt tausende davon. Dann hängen Hunderte von kleinen bis großen Gewichten an deinem Außenkörper dran, das sind Lasten, die ineinander und übereinander hängen und alle sind mit Schlössern verschlossen und aneinandergekettet ... Wenn man sich dieses Bild vorstellt und sich reinfühlt, ist man sofort blockiert und fängt an zu resignieren und gibt innerlich auf. Klar sieht man daraus keinen Ausweg, außer mit enormem Aufwand, jedoch ohne zu wissen, wie schnell und ob man überhaupt irgendwann dies alles lösen kann. Hier setzen wir den Weg des Passepartout ein, damit wird Tag für Tag als Zeitmillionär, mit der richtigen Landkarte, Strategie und Struktur, alles gelöst und entknotet.

Gute Beispiele für innerliche Sofort-Blockaden sind intensive Zahnschmerzen oder ein Hangover ... Mit solchen Situationen kann sich sicherlich fast jeder identifizieren und wissen, wie man sich dabei fühlt. Es gibt nur noch einen Gedanken, bitte Schmerz lass nach und ich hoffe, es geht mir schnell besser, ab hier tut man nur noch das Notwendigste. Beim Hangover sagt man sich nie wieder trinken ... Bis zum nächsten Mal. In so einer Verfassung ist man oft nicht mehr in der Lage Großes zu schaffen, geschweige denn überhaupt sich zu bewegen oder klare Gedanken zu fassen. Auf eine etwas harmlosere Weise funktionieren aber auch die Selbstmitleids-Blockaden oder sonstigen kurzzeitigen Tief-Phasen, es ist kein Leid in Form von Übelkeit oder Schmerz, aber ein kurzzeitiges psychisches Leid, in dem man sich drin gefangen hält, bis etwas, jemand oder wir uns selber wieder herausholen können. Aber allgemein negative Gedanken, einengende Gedanken, Selbstvorwürfe, Selbstsabotagen, wir müssen Abhilfe schaffen, um unsere Zukunft, die nicht einfacher werden wird, zu sichern, mit innerer Stärke.

Du wirst jeden Winkel deines Seins kennenlernen und lernen mit allem umzugehen, deinem ganzen ICH, während dem du auf dem goldenen Weg des Passepartout bist und zu dir findest, zur inneren Stärke, deiner inneren Stärke aus Titan. Du wirst im Einklang mit deinem Geist, deiner Seele und Körper sein, im Einklang mit der positiven Energie und Liebe.

Wichtig zu wissen

Dieses Buch ist eine Landkarte für dich, die nichts ersetzen soll, es gilt lediglich als Unterstützung aller Bücher, die dir in deiner Persönlichkeitsentwicklung helfen. Vielmehr soll es alles verbinden und als Vernetzung gelten, und zwar, die Vernetzung entsteht in dir drin, während der gleichzeitigen Auseinandersetzung mit dir, meinem Buch und deinen dich inspirierenden Autoren. In Zusammenarbeit mit deren und dem PPTT in der hier beschriebenen Strategie wirst du in 2 Jahren ein grundsolides Fundament deines besten ICHs erschaffen können. Runterfahren und ankommen bei sich, sich erinnern und sich neu erschaffen mit allen deiner bereits vorhandenen guten Eigenschaften. Jeder Mensch kann alles schaffen, sei dir oder werde dir ansonsten dessen bewusst.

Gewinnbringende Gedanken sind auch so enorm wichtig, fange an bei jedem aufkommenden negativen Gedanken

Anker zu setzen. Dies bedeutet jedes Mal, wenn auf deinem Weg negative Gedanken aufkommen, egal wobei, lass dich nicht verunsichern und fange erneut an zu überlegen, wie du dies zu einem positiven abändern kannst, denn für jede Situation kann man eine positive Lösung oder eine annehmbare Lösung finden, die dich nicht runterziehen wird oder wenigstens nicht so stark, wie wenn du es einfach als negativ angenommen hast.

Während dieser 2 Jahre solltest du dich von allen Medien wie Nachrichten, Zeitungen, Klatsch & Tratsch im TV und Zeitschriften über Promis, größtenteils auch auf Social Media verzichten. Auf TV-Unterhaltung und alle derart Ablenkungen während deines Weges, die du für deine Entwicklung und der Findung deines besten ICHs nicht brauchst, ganz verzichten oder den Konsum kleinstmöglich halten. Klar, brauchst du zwischendurch Entspannung oder mal Ablenkung, Spaß und was zum Lachen, das kann ja auch mit TV im guten Maß sein. Jedoch wirst du da auch einen guten Rhythmus und Balance finden mit der Zeit. Aber nicht weniger als 90 % sollte deiner Entwicklung dienlich sein.

Entdecke die Natur und werde eins mit ihr, was gibt es Schöneres als die wunderbare und schöne Natur mit seinem Leben und den Spuren der Zeit in sich aufzunehmen und die Energie aufzusaugen, dazu als Benzin des Lebens und als Antrieb nutzen. Sei so oft wie nur möglich in der Natur und nutze deren Kraft, die Tankstelle des Lebens. Lasse dich nicht durchs Wetter steuern, blase kein Trübsal bei Regen, lerne jedes Wetter zu nutzen, positiv. Darum ist es umso wichtiger dieser Tankstelle bestmöglich Sorge zu tragen, denn auch die Erde besteht aus Gleichgewichten.

Emotionen und ihre Wirkung, wer kennt das nicht, wir haben ein Musikstück gehört, das uns gefällt, nun lassen wir es hoch- und runterlaufen in Dauerschlaufe, wieder und wieder, weil es uns innerlich guttut und beflügelt. Genauso werden die Emotionen uns auf Dauer beflügeln, wenn wir uns nur noch den positiven Dingen widmen und den negativen nur noch die notwendige Beachtung schenken, somit wird hier auch eine Dauerschlaufe an Positivität entstehen. Hier kannst du deine unendliche Geschichte schreiben, fange von null an und verfasse sie neu.

Wie ein Kuchen alle seine Komponenten benötigt in der richtigen Menge, um den Geschmack zu erhalten, den er haben sollte, genauso brauchst du für deine persönliche Entwicklung deine richtigen Komponenten in der richtigen Menge, um eine gute und ausgeglichene Balance für deinen Körper, Geist und Seele zu erreichen.

Notiere Ideen, die dir kommen, auch Verbesserungen oder positive Fortschritte, in dein Tagebuch oder Erfolgsjournal.

Loswerden des eingeschränkten Denkens

Denken
ist schwer,
darum Urteilen
die Meisten.

– Carl Gustav Jung –

Du musst dir bewusst werden, dass das eingeschränkte Denken dich immer wieder in sich wiederholende Schlaufen in der Komfortzone bewegen lässt. Dein Radius ist und bleibt derselbe, auch wenn du mal zwischendurch ein gutes Buch liest oder dich intensiv mit einer Sache beschäftigst.

Das ist dein Leben, das ist vielleicht ein angenehmes und soweit gutes Leben, da spricht ja auch gar nichts dagegen und ich mag es jedem gönnen, wer damit zufrieden ist, so wie es gerade ist. Dann braucht es mein Buch nicht für deinen weiteren Weg, das ist auch vollkommen okay, denn ich möchte denen helfen, die den Weg suchen, wie ich im Dezember 2020.

Wer sich jedoch beispielsweise, wie ich zuvor stetig in Situationen der finanziellen Probleme befindet und immer wieder hängen bleibt daran oder darin, der kann sich in diesem Bereich helfen lassen, da gibt es sehr gute Coaches wie „Bodo Schäfer" beispielsweise oder T. Harv Eker, die dir helfen können dabei, dann kommt man vielleicht in diesem Bereich, was das Thema Finanzen angeht vorwärts, wenn man den richtigen Willen und Disziplin hat, das ist auch fantastisch, denn diese Autoren sind genial und haben die perfekten Lösungen für diese Bereiche. Dann kann man sich mit intensivem Sport eine gesunde Lebensweise, gefüllt mit Motivations-Schüben, Vitalität, und Lebensenergie auseinandersetzen und es sich so gut gehen lassen (dies habe ich zum Beispiel zuvor gemacht).

Man kann sich mit sehr vielem eine gute Basis schaffen, jedoch bleibt man sehr wahrscheinlich auf der Basis sitzen, weil man zwar den einen Bereich gut abdeckt, jedoch gibt es hier noch immer die ganzen anderen Bereiche, die einen im Weg stehen in seiner Entwicklung zu sich selber, hier kommen die meisten nicht weiter. Man kann sich auch mehrere Bücher holen über viele Bereiche, jedoch hatte ich das auch und mich verloren darin. Vor allem weil ich den ganzen Ballast noch immer in mir hatte. Und nebenbei versucht man ständig im Lotto zu gewinnen oder spielt Glücksspiele oder Wetten, um an Geld zu kommen und endlich mehr erreichen zu können. Bis dahin bleibt man vielleicht an den Krediten und Schulden hängen, die man am Laufen hat. Aber auch wenn das nicht der Fall ist, gibt man sich einfach zufrieden und resigniert. Man belügt sich selber und sagt sich, ich will heute leben, aber es wird fleißig weiter das schnelle und einfach verdiente Geld gesucht. Ich war bis 2020 auch einer davon, darum weiß ich ganz genau, wie es vielen da draußen geht.

Lasse dich mitreißen und erkenne deine Chance endlich aus diesem Teufelskreis auszubrechen. Schränke dich nicht mehr ein. Öffne dich für alles, sei offen für die ganze Welt und seine Möglichkeiten, deine Möglichkeiten! Auch nach 2 Jahren kannst du wieder ausgelassener feiern gehen oder vermehrt genießen mit deinen Liebsten, jedoch dann mit einer ganz anderen Basis und Ausgangslage. :)

ES IST NICHT DIE ÄUSSERE VERÄNDERUNG, ES IST DIE INNERE VERÄNDERUNG, DIE SICH IM AUSSEN ZEIGT UND DICH STRAHLEN LÄSST

Kleine Inputs, die du vielleicht nutzen kannst für dich

Der Weg des geringsten Widerstands:
Die heutige Zeit ist darauf ausgerichtet und bietet die besten Grundlagen, genau dieses wurzellose Dasein zu unterstützen, stets den Weg des geringsten Widerstands zu beschreiten. Die sozialen Medien bieten einem ein Portal, um das Nichts-Tuns zu fördern und damit auch noch Geld zu verdienen. Als Vorbild für Jugendliche entpuppt sich der eine oder andere Millionär. Tausende wollen dem Gleichtun und Influencer werden, auch Teenager nehmen dieses Angebot gerne an und richten ihr Leben danach aus. Das Problem dabei ist nicht die Sache selber, sondern das Drumherum, was daraus entsteht und die Unwissenheit dann tragische Auswirkungen nehmen kann auf Dauer.

Wichtigste Ausgangslage für deine Gesundheit:
Dein Körper, deine Energie, deine Vitalität, deine Positivität, deine Haut, dein Blut, deine Muskeln ... Es geht eigentlich um die gesamtheitliche Balance und als eine optimale Ausgangslage für ein langes Leben. *Wasser, Aminosäuren, Proteine, Vitamine, Spurenelemente, Mineralien, wenn man diese als Fokus und Mittelpunkt der Ernährung sieht, kann man sich den Rest nach und nach gestalten. Zu der optimalen Einheit, in einer Ausgewogenheit auf deinen Körper, Geist und Seele, auf deinem Weg. 70 % wasserhaltige Ernährung ist optimal und kleinere Mahlzeiten, wir essen meistens viel zu viel. Viel Bewegung.*

Autophagie:
Der gesunde und wichtige Hunger in der richtigen Balance (bedeutet, stetig einen kleinen Hunger zu haben, weil man bei jeder Mahlzeit kleine Portionen isst). Mit dem zwischenzeitlich bekannten Intervall-Fasten kann man dies sehr gut erzeugen oder aber auch der gesamten Ausgewogenheit in der Ernährung, kann diese Hungergefühle auslösen. So kann man diese Autophagie auslösen, was bedeutet, dass es den eigenen Körper dazu führt, dass er sich selbst, ständig repariert und Selbst-

heilung betreibt. Indem wir dies richtig praktizieren, werden die beschädigten und kranken Zellen von den gesunden Zellen sozusagen aufgefressen oder abgebaut und recycelt, so entsteht eine stetige Reinigung und Entschlackung.

Hormesis:
Bedeutet das Phänomen, dass geringe Dosen schädlicher und giftiger Substanzen wie auch stressauslösender Umweltfaktoren eine positive Wirkung auf Organismen haben können. Also alles erdenklich Negative als Ernährung oder auch mal ein Glas Alkohol oder sonstiger Dinge kann in kleinen Mengen und in der Balance zu deiner Gesundheit und Leben, ohne Folgen und sogar in positiver Wirkung ein Gleichgewicht schaffen, denn wir haben ja diese Dinge jahrelang genossen und auf null herunterzufahren, ist meist nicht die Lösung, vor allem mental gesehen.

Täglicher Grundbaustein, Empfehlung:
Presslinge aus 98 % Aminosäuren, nur 2 % Abfall, sollten als wichtige Unterstützung für die Bildung unserer Zellen, als eines der wichtigsten Elemente angesehen werden, was es auch ist. Dies sollte ein Bestandteil sein oder werden, meines Erachtens in der heutigen Stressgesellschaft unverzichtbar als optimale Ergänzung zur Ernährung. (Ein Buchtipp, Brigitte Hamann, Aminosäuren)

Eine mentale Kombination aus der Zeit der Jäger und Sammler zu heute schaffen, mit den medizinischen Klarheiten und der Hygiene von heute:
Diese stetige Bewegung und Wachheit durch die Jagt und Angst vor dem Säbelzahntiger, wie auch die Balance in der Natur damals, mit den Tieren und dazu das Gleichgewicht. Die gute Balance, dass man sich stets um Nahrung kümmern musste und so der Kalorienverbrauch auch dementsprechend war, so musste man überlegt vorgehen, es war ein stetiger kleiner Hunger da, weniger Essen, natürlich nicht hungern, eine gute Balance, bedeutet längeres Leben. Mit der richtigen Hygiene von heute,

wie beispielsweise sauberes Trinkwasser, haltbarere Esswaren, saubere Straßen und Gewässer, das Duschen oder Waschen des Körpers, Haare waschen und Zähne putzen, sind sicher einige der wesentlichsten Hygienemaßnahmen.

3.

Loslassen, vergeben, befreien

*„Wer sich selbst nicht
helfen will, dem kann
niemand helfen.“*

– Johann Heinrich Pestalozzi –

Loslassen, dies ist ein befreiendes Wort, das dir mehr geben kann in den nächsten 2 Jahren, als du überhaupt in der Lage sein könntest, „ohne Loslassen!“ dir mit aller Kraft zu erarbeiten. Denn mit dem richtigen Vorgehen und dem richtigen Anwenden wird es in dir Energien freisetzen, die dich in Erfolgsbereiche katapultieren kann, wo du ohne loslassen und vergeben, nie in diese Ebene gelangen würdest. Jede Bereinigung in einem Bereich, schließt andere Bereiche mit ein und hat auf alle Bereiche einen positiven Effekt und Einfluss. Alles fängt in deinem Innen an und betrifft jedes einzelne Negativgefühl, was du in dir trägst, was dich belastet, was du selber projizierst oder du durch Außeneinwirkungen nicht abhalten kannst, dementsprechend zulässt, bewusst oder unbewusst. Du wirst alles mit dem konstanten Loslassen und Vergeben, wozu auch mal annehmen und akzeptieren gehört, nach und nach, was heute noch als Ballast anwesend ist, loswerden. Aufgrund dessen wirst du zukünftig befreit in deine Zukunft gehen können. Im selben Moment fängst du an den Gegenpol auszuleben, die Dankbarkeit sprichst du jedem gegenüber aus, auch dir gegenüber, schreibst es gleichzeitig auch beispielsweise in dein Tagebuch oder Erfolgsjournal. Somit werden diese Prozesse zu Gewohnheiten und es entsteht durch die Emotionen ein stetiger Austausch in dir drin von den negativen zu den positiven Gedanken, wie von selbst und fließend.

Hier muss ein Umdenken stattfinden, kein kurzfristiges Denken mehr, dass etwas schnelle Ergebnisse erzielen muss. Deine Denkprozesse musst du auf langfristig einstellen. So kannst du die richtige Balance für dich entdecken und während der 2 Jahren wird sich dies mit der Kommunikation mit deinem Körper und Geist einpendeln. Also lass los und befreie dich von dieser kontraproduktiven Denkweise. Durch diese Handlungsweisen und Befreiung hat man wieder mehr Kapazität und ein stetig verbessertes und leistungsfähigeres Gedächtnis. Alles, was nicht positiver Natur ist, wirst du aus deinem Leben verbannen und zukünftig allem Negativen durch deine gewonnene innere Stärke selbstbewusst entgegenwirken.

Ich konnte dies auch nicht, bevor ich nicht angefangen hatte mit den 2 Jahren und den damit verbundenen Anfangs-Prozessen des Loslassens. Ich hatte bereits vor 12 Jahren mit einem genialen Buch versucht dies zu schaffen, was ich bis zu einem gewissen Level auch hinbekommen hatte. Jedoch arbeitete ich damals nur an der Oberfläche, wie mir heute bewusst ist, obwohl es bis in die tiefen Schichten vordringen sollte, was ich dachte, dass es das auch tut, jedoch war dem nicht so. Heute weiß ich es besser und es ist mir klar, warum es nicht funktioniert hatte.

Anhand der Anwendung von PPTT und des notwendigen Prozesses dahinter, das ganze Leben an der Wurzel zu packen. Hier liegt das ausschlaggebende Detail verborgen und die Fortschritte sind phänomenal. Wie auch die Arbeit an allen Themen gleichzeitig zu bereinigen in der Balance und Kombination der Zwischenziele in meinem Alltag.

Aber auch heute, nach nun fast 2 Jahren, schaffe ich es noch nicht jedes Mal, gewisse Momente immer zu 100 % auszublenden oder umzusetzen und das soll auch nicht so sein. Denn es ist alles ein Prozess, der seine Zeit benötigt und eine gewisse Zeit andauern kann. Und als Zeitmillionär hast du die Zeit, ohne Druck etwas in diesen 2 Jahren vollendet zu haben, es darf auch 3 oder 4 Jahre dauern, die Konstanz und Kontinuität sind entscheidend, was bedeutet, wenn man bei einem Thema kleinere Schritte vollzieht, um sich eine Basis dieser Gewohnheit anzueignen, dann darf es auch ein längerer Prozess werden, um ihn zu festigen.

Hier möchte ich auch einen wichtigen inneren Prozess vom Loslassen einbringen, von den ganz einfachen alltäglichen Dingen im Leben, die unnötigen, aber zum Teil sehr hohen Stress verursachen, somit der Gesundheit schaden. Was bei vielen Stress auslöst, ist bei Rotlicht am Lichtsignal der Autofahrer, der vor uns steht und nicht rechtzeitig anfährt. Ein weiterer Stressfaktor ist der Traktor, der vor uns herfährt und nicht auf die Seite geht, denn wir sind meistens in diesem Moment wieder mal zu spät aufgestanden und im Zeitdruck. Zwei Anfahrtspuren mit je einem Auto nebeneinander beim Anfahren, die gleich nach 100 m einspurig wird und das linke Fahrzeug muss nachher rechts einspuren, wir müssen gegen unseren Kontrahenten gewinnen, dass wir vorne wegfahren können, dieser innere Druck wird bei den meisten automatisch ausgelöst. Ein weiteres unnötiges Beispiel betrifft das Wetter, sobald wir keine Sonne haben, stellen sich viele innerlich auf diese Tiefzeit ein, es entsteht depressive Stimmung, vor allem wenn es dann noch beginnt zu regnen. Fange ab sofort bereits bei diesen kleinen unscheinbaren Situationen an umzudenken, in diesen Momenten dich zu besinnen, setze dir einen Anker und fange dir an diese Situationen als positiv zu betrachten, sobald es regnet, erinnere dich und denke positiv, ein Ampel-Rotlicht = Anker bedeutet easy, ich habe Zeit, denn es gibt immer Positives aus jeder Situation, was man daraus mitnehmen kann, man muss dies nur zur Gewohnheit machen und die negativen Gedanken überschreiben. Beispielsweise wissen wir, wie wichtig der Regen für die Natur ist, also können wir dies, als positive Eigenschaft am Regenwetter nehmen, um uns positiv zu stimmen. Wir wissen, wo wir leben und dass es hier ständigen Wetterwechsel gibt und mit negativer Einstellung schaden wir nur uns selber und halten uns vor unserer Entwicklung ab. Wir sind jetzt Zeitmillionär und haben alle Zeit, denn wir haben eine klare Tagesstruktur, dass wir immer zeitig dran sind und der Traktor, hinter dem ich herfahre, oder das Auto am Rotlicht, das nicht rechtzeitig losfährt, lässt mich kalt. Ich bin gerade am Hörbuch am Hören und mich am Entspannen. So sehen Denkweisen aus, die einen vorantreiben und innerlich immer gelassener werden lassen.

Es muss auch nie 100 % werden ... Jedoch je näher, desto besser. Bei uns haben sich gewisse Dinge über Jahre aufgestaut, die benötigen zum Teil etwas mehr Zeit, um losgelassen zu werden. Jedoch wird es stetig weniger stark und irgendwann wird jedes zuvor noch so negative Thema in deinen Gedanken nicht mehr präsent sein oder zumindest nie mehr so stark. Es wird nur noch als maximal ein Schatten deiner Vergangenheit wahrnehmbar sein, welchen du losgelassen und abgelegt hast, in die positive Schublade deiner inneren Stärke. Mach dir einfach klar, jeder Ballast, den du losgelassen hast, schafft dir Platz für mehr Positives.

Das bedeutet jetzt nicht, du sollst dir selber etwas vorspielen oder dich selbst belügen, denn das wird nicht funktionieren. Nein, es geht darum mit dir im Reinen zu sein, dass du dies auch ehrlich von tief drinnen rüberbringen kannst. Diesen Prozess wirst du hinbekommen mit der Unterstützung dieses Buches, in Kombination mit Büchern und Hörbüchern von anderen Autoren, die sich mit diesem Thema intensiv befasst haben. Ich werde hier diese Thematiken anschneiden und die wichtigsten Punkte anbringen wie auch erkenntlich machen, um was es geht. Tiefgründiger musst du dich in täglichen Lernprozessen intensiv auseinandersetzen. Du wirst die Bücher oder Videos finden mit den dir zusagenden Methoden, die die dich schnell motivieren und dich das Gewünschte umsetzen lassen. Erste kleine Erfolge stellen sich sofort ein, größere werden folgen.

Eine gute Vorstellung kann man sich verschaffen, indem man eine oder mehrere Sendungen von Trödeltrupp auf dem Fernsehsender RTL2 anschaut. Bei dieser Sendung geht es darum, Menschen, die in sich und in ihrem Sammelwahn bis Messi-Verhalten gefangen sind, zu helfen, sich von dem ganzen angesammelten Müll oder verborgenen Schätzen zu befreien. Viele der Betroffenen hängen so sehr an den gesammelten Waren und es geht sogar so weit, dass sie nicht mehr Brauchbares von Müll unterscheiden können, dass das Loslassen schmerzt und bis zu Zusammenbrüchen und Wutanfällen führt. Oftmals ist es auch so, dass die Menschen in finanziellen Problemen stecken und durch den Erlös verkaufter Gegenstände über die Trödelprofis genügend Geld generieren, um die Schulden zu bezahlen oder einen Teil davon und gleichzeitig den Ballast verringern oder ganz loszuwerden. Ich schreibe diese Beispiele, weil es geht um die Menschen, die vollen Räume und das Endresultat daraus. Den Prozess kann man sinnbildlich für das innerliche Loslassen nutzen, zusammen auch mit dem Außen kombinieren und verwenden. Denn zum Schluss resultiert, dass sehr viel losgelassen wurde, mentaler wie auch materieller Ballast, der mit Leidenschaft angesammelt wurde oder aus Erbgut (also, dass man den ganzen Krempel der nahen Verwandtschaft wie auch weiterer Verwandten gesammelt hatte), teils dahintersteckt. Ab sofort ist es aufgeräumt und sauber, es ist übersichtlich und auf ein Minimum reduziert. Es wurde Klarheit geschaffen, riesiger Ballast ist weg für ihn/sie, aber auch das ganze betroffene Umfeld. Und das Beste obendrauf, es gibt auch teils größere Geldsummen, die daraus entstanden sind. Resultat: überglückliche und befreite Menschen, teils kommen sich sogar Paare wieder näher, die kurz vor einer Trennung waren und dies alles, weil losgelassen wurde von Ballast, was demjenigen ohne nie bewusst geworden und für immer blockiert geblieben wäre.

Es gibt aber natürlich auch tiefsitzende Verletzungen, die jemanden ständig abblocken lassen, die sich nicht lösen können. Doch wie entstehen solche tieferen Verletzungen, die fast nicht mehr wegzubringen sind?

Zum Beispiel durch Seelennarben. Diese entstehen meistens im Zusammenhang unseres Glaubens und mit missbrauchtem

Vertrauen. Das alles sitzt versteckt in unserem Unterbewusstsein und bedarf einer Klärung wie auch Wiedergutmachung, was meist von außen nicht mehr passieren wird. Wir sind die Schöpfer und können dies innerlich klären.
Grundsätzlich kann jeder Mensch alles erreichen in seinem Leben. Es ist nur ausschlaggebend, wie viel Seelennarben wir mit genügend Vergeben und Loslassen aus unserem Fokus ablegen können. Denn alles, was negativ abgespeichert ist in unserem Unterbewusstsein, sind Blockaden, die uns bremsen oder stagnieren lassen. Damit sind alle bis in die Kindheit gemeint, denn von da können die größten Narben entstanden und noch abgespeichert sein, weil Narben sich immer wieder geöffnet hatten und zu erneuten Wunden wurden, somit stets größere Narben wurden. Dies passiert, weil ein Kind, das verletzt wurde, im Unterbewusstsein auf diese Bestätigungen wartet, dass sich diese Verletzungen, also die Verletzungstaten, wiederholen, um dann die Bestätigung zu haben, dass es nicht gut genug ist, denn es wurde ja bestätigt nach dem ersten oder zweiten Mal.

Es ist in etwa das gleiche Prinzip, wie wenn wir im Außen nach Gleichgesinnten suchen, die gleich oder ähnlich denken wie wir, hiermit ist mit dieser Suche im Außen negative Erfahrung gemeint, als Bestätigung für unsere negativen Denkweisen.

Lassen wir die Vergangenheit dort, wo sie ist, hinter uns. Leben wir in der Gegenwart, wo wir gerade sind, was uns vor Augen ist. Und erschaffen wir unsere Zukunft, denn die liegt vor uns und macht, woraus wir sein werden und wie leicht uns diese fallen wird.

Wenn wir an einen geliebten Menschen denken, der verstorben ist, halten wir ihn in bester Erinnerung und werden ihn stets lieben. Jedoch auch diese Situation ist unveränderlich, egal wie sehr wir uns wünschen würden dies ändern zu können. Somit müssen wir lernen, das Vergangene in positiver Erinnerung zu halten, wie ein schönes und bereicherndes Bilderbuch an positiven wie negativen Erfahrungen zum Wachsen und Gedeihen geholfen hat.

Es geht gleichermaßen um das Annehmen und Vergeben, nicht nur dem Außen gegenüber, es geht auch um das Annehmen, Loslassen und Vergeben dir selber gegenüber.

Geben ist seliger denn Nehmen ... Das kennen die meisten, es stammt aus der Bibel (Apostelgeschichte 20,35). Jedoch interpretiert oder verbindet diese Passage leider die Mehrheit der Menschen auch mit Geld oder materiellen Werten. Doch geben kann auch ein Lächeln sein, liebe Worte, eine Umarmung, eigentlich alles, was von Herzen kommt und wohlwollend gemeint ist. Was gibt es Schöneres, als diese einfachen Dinge geben zu können, im Positiven, ohne negative Hintergedanken, ohne eine Erwartung. Jedem Menschen, dem du wohlwollend begegnest und bei dem stets positiv bleibst, der kann auf Dauer dir auch nur positiv begegnen, auch wenn diese Person zu Beginn vielleicht erst sauer war und es dich klar spüren ließ. Denn es liegt nie an dir, sondern immer an der Person, die Verärgerung und den Unmut ausdrückt und mitbringt.

Nehme diese Negativität nicht an, versuche ihn zu verstehen, denn es ist etwas passiert oder es hat sich aufgestaut über den Tag, was dein Gegenüber zu diesem Impuls geführt hat. Es kann nichts Persönliches sein, solange du ihm stets positiv begegnest und auch in der Vergangenheit begegnet bist. Begegnest du von nun an zukünftig deinen Mitmenschen stets positiv, wird es insgesamt niemanden mehr geben, der dich aufgrund von Fehlern von dir schlecht behandeln wird. Lerne hier auch im gleichen Zug zu vergeben, denn das Vergeben bringt auch Erleichterung und Erlösung.

Aber das Vergeben ist auch eine Form von Geben ... Denn du vergibst deinen guten Willen um der positiven Energie wegen. Somit gibst du deinem Gegenüber, aber du gibst auch dir etwas. Mehr Freiheit in deinen Gedanken, somit Entlastung und hinterher noch eine gute Tat dazu für dein Gegenüber und die Chance den Tag zu verbessern. Somit mehrere positive Effekte in einer einzigen Entscheidung. Alles ist Energie und Energie ist ein ewiger Fluss. Somit sollte bei uns auch alles ständig fließen, je positiver und ausgeglichener in der Balance wir sind, und wir sollten alles gelassen, aber effizient angehen, mit der nötigen Ausdauer, desto mehr kann es nur zum Erfolg führen.

Wir sind mit der schnellen Entwicklung unserer Welt, den ganzen Technologien und immer noch schneller werdenden Prozessen, Anforderungen und Erwartungen völlig überrannt worden. Unser inneres System kommt mit dem ganzen Leistungsdruck zwar oberflächlich klar, das denken wir zumindest … Jedoch sehen die Tatsachen ganz anders aus. Denn die Stresskrankheiten und Überforderungskrankheiten, alle damit verbundenen Symptomen, werden zu einem Fass ohne Boden. Nicht nur wir sind überrannt worden, sondern auch unser Planet, auf dem wir leben. Wir haben die Tragweite unserer Vorgehensweisen mit der rasanten Entwicklung und Wachstum der menschlichen Bevölkerung völlig unterschätzt, was sich zudem auch alles für Naturkatastrophen entwickelt haben daraus. Eine Katastrophe jagt die nächste, wir können nur hinterher aufräumen und uns auf neue Situationen versuchen einzustellen.

Apropos Technologie, es werden immer mehr Zahlungsvorgänge auf reine Technologie umgestellt und was erleben wir immer wieder, die Geräte oder die Systeme sind überlastet oder fallen aus. Bargeld-Zahlungen werden zu reinem Hilfsmittel, jedoch, wie man feststellt, trotzdem unverzichtbar. Auch WhatsApp ist immer wieder mal überlastet und es geht gar nichts mehr dort, dann sind viele Vorgänge, Prozesse, die man darüber erledigt, direkt blockiert. Genau wie man sich hier nicht nur auf eine Sache konzentrieren darf, auf ein System, auf eine Lösung, genau so verhält es sich in deiner Persönlichkeit oder deine Balance, die besteht aus deinem Ganzen, du musst alles in einem nehmen und anpacken, um nicht irgendwo festzufahren.

Weiter mit den Katastrophen in der Natur, die größten Verlierer sind die unschuldigen Tiere darin. Wir Menschen sind verantwortlich für den heutigen Zustand der Erde. Mit unserer teils Ignoranz, haben wir alles aus dem Gleichgewicht gebracht. Die Natur steht für Energie und Gleichgewicht und dies war Millionen von Jahren so, bis wir zu viele waren und dieses Gleichgewicht und die Energie außer Kontrolle gerieten.

Genauso wie unsere äußere Entwicklung unser Innen aus dem Gleichgewicht brachte und wir damit nicht klarkommen und jetzt uns mit Symptom-Behandlungen beschäftigen. Jedoch die Naturgesetze sind auch hier, man muss ein Problem an der Wurzel packen, denn nur dann ist auch sicher, dass du alles wieder in eine gute Balance gebracht hast und dir nichts mehr in die Quere kommen kann. Also packe dein Leben an der Wurzel.

Es ist an der Zeit zu handeln, nicht nur was die Umwelt angeht, nein auch, was uns angeht.

Denn wenn wir uns wieder in ein normales Level zurückführen können, dann sind wir wieder ausgeglichener und in der Lage mit der richtigen Energie und dem richtigen Plan für uns ein gutes solides Leben zu erarbeiten. Somit können auch die nötige Energie wie auch die finanziellen Mittel geschaffen werden, um den wichtigen und notwendigen Beitrag leisten zu können. Nachfolgend Unterstützung für die Verbesserung und Regenerierung der Natur zu gewährleisten. Fang an dich zu befreien mit Loslassen und Vergeben. Eine notwendige ganzheitliche Balance kannst du dir damit erarbeiten, indem du mit PPTT beginnst zu arbeiten.

Was unsere Entwicklung und Gewohnheiten angeht, sind wir so festgefahren, es existieren für uns nur 2 Wege, der des geringsten Widerstands, bedeutet das schnelle Geld, oder aber wir müssen die komplizierten und harten Wege gehen, die uns jedoch abblocken im Kopf, somit die meisten diese nicht beschreiten. Damit steht für uns fest, wir werden nichts unternehmen. Um sich aber eine gute und solide finanzielle Basis zu erarbeiten, ist das Gesetz im Grunde ganz einfach, man muss weniger ausgeben, als man einnimmt. Dasselbe Prinzip wie bei der Ernährung, wenn man mit seinem Körper unzufrieden ist, man nimmt weniger zu sich, als man verbrennt. Somit gilt der Grundsatz hier, akzeptiere, dass du weniger essen und mehr sparen musst, wenn du diese Dinge verbessern willst. Auf das Thema Ernährung komme ich in einem späteren Kapitel zurück.

Notiere Ideen, die dir kommen, auch Verbesserungen oder positive Fortschritte in dein Tagebuch oder Erfolgsjournal.

„Wir müssen die Änderung
sein, die wir in der Welt
sehen wollen.“

– Mahatma Gandhi –

Erkenntnisse und Verstehen

Das Unterbewusstsein ist die Zentrale unserer Emotionen, wo alle positiven wie auch negativen Emotionen abgespeichert werden, die wir ständig bewusst oder unbewusst abrufen. Leider ist es so, dass die meisten den negativen Dingen in ihrem Leben mehr Gewicht verleihen, welche das Verhältnis der Positiv- und Negativ-Speicher zu sehr auf negativ kippt. Hier kommt auch die Menge der Themen zum Tragen. Einmal ist es z. B. eine Rechnung, die einem ungelegen kommt, einmal ist es der Streit mit seiner Freundin, dann ist es wegen deines Körpers, weil dich z. B. deine Nase stört, weil dich dein Fett stört, weil dich deine Haut stört usw. So entstehen ständig Negativspiralen, die uns oft lahmlegen können. Also was passiert, wenn wir uns gerade um ein oder zwei Probleme kümmern, dann folgt größtenteils vor Abschluss der Behandlung dieser bereits in einem anderen Bereich ein weiteres Problem, um das du dich kümmern musst, somit entsteht hier gerade eine Negativspirale.

Auch ich habe vor PPTT so getickt, weil ich es ja nicht anders kannte und wusste, somit waren es oft länger anhaltende negative Phasen, dann gab es aber auch positive anhaltende Phasen, dementsprechend sprechen wir von intensiven Hoch- und Tief-Phasen. Ich habe zwischenzeitlich eine sehr gute Balance in allem gefunden, also diese Phasen sind für mich nicht mehr existent, nicht mehr so volatil, sodass ich 12–15 Stunden Arbeitstage vollziehen kann, ohne mich übermäßig kaputt oder ausgelaugt zu fühlen. Ich werde nie mehr Gefahr laufen, dass ich in die Nähe eines Burnouts kommen könnte, dies ist in weite Ferne gerückt. Negative wie depressive Phasen sind heute nach fast 2 Jahren so gut wie nicht mehr existent. Wenn ich mal ein Tief habe, dann dauert das maximal ein paar Minuten. Es gibt sicherlich auch Tage, die nicht so positiv verlaufen, jedoch lasse ich mich deswegen nicht mehr aus der Ruhe bringen und mein Inneres bleibt positiv. Und das wird dasselbe bei dir, wenn du dein Leben an der Wurzel packst. Probleme siehst du als Geschenk zum Wachsen und wenn eines auftaucht, weißt du, ich brauche nur die richtige Lösung zu finden. Dies wird dir mit Hilfe von PPTT irgendwann gelingen, es mental dementsprechend anzunehmen und umzusetzen.

Bis Dezember 2020 galt mein Fokus hauptsächlich den negativen Dingen, somit löste ich ständig in meinem Unterbewusstsein diese Negativspiralen aus. Der Fokus auf Negatives liegt in der Natur des Menschen, aber nicht in der Natur an und für sich. Diese negative Energie fing automatisch an Negatives anzuziehen und es wurde zur Gewohnheit, dass ich nach einer positiven Phase, wo ich ein positives Ereignis nach dem anderen erlebte, mein Unterbewusstsein bereits wusste, jetzt muss bald etwas Negatives kommen und meist war es direkt ein ziemlicher Tieffall danach.

Hier auch wichtig zu erwähnen, das Baby, also der Mensch, kommt mit nur 2 natürlichen Ängsten zur Welt: mit der Angst vor dem Fallen und der Angst vor lauten und plötzlichen Geräuschen. Vor nicht allzu langer Zeit bei einer Studie über existierende Ängste waren es bereits über 600 und heutzutage wahrscheinlich noch einige mehr.

Heute weiß ich, es lag nur an der Gesamtheit, der unüberschaubare Ballast in allen Bereichen. Ich bin so dankbar, habe ich zu mir gefunden und darf diesen Weg jetzt beschreiten. Jeder, der eine Methode für sich entdeckt hat, die funktioniert, die schwören darauf und damit liegt jeder Einzelne richtig, ohne Wenn und Aber.

Es spielt keine Rolle, ob es das Anwenden von Atemübungen ist, das Meditieren, das Yoga oder auch das tägliche Dehnen, alles erzielt bei der Anwendung kleinere und größere Erfolge, jeder wird dies feststellen, jeder mit der Form, mit der er sich gut identifizieren kann. Was man tut, spielt dabei eigentlich keine Rolle, wie auch die Dauer. Es soll einfach nach und nach in deinen Tagesablauf zur Gewohnheit integriert werden und zu einer täglichen Balance durch Kontinuität führen. 10–30 Minuten im Tag reichen für diesen Bereich in der Konstante völlig aus, um dir die wertvolle Energie in der Kombination aller anderen deiner neuen Gewohnheiten und Interessengebiete anzueignen. In einer Morgen- oder Abendroutine eingebaut hat es mir die Sache vereinfacht zu Beginn. Diese Konstanz es täglich einzuplanen, mit allen anderen Vorhaben, lassen alles nach und nach zu einer perfekten Einheit verschmelzen.

Dies funktionierte bei mir einzig und allein wegen der Anwendung des PPTT. Zuvor mit allen meinen eingeprägten negativen Glaubenssätzen und der Unwissenheit fand ich mich schnell in Überforderung, Gereiztheit, Aggressionen, Groll, Wut, und ich war demotiviert, wie auch fragte ich mich ständig, ob sich das Ganze überhaupt lohnt. Ich bewegte mich in ungesunden Bereichen, wollte alles gleichzeitig mit meist großer Ungeduld verbunden und ich war sicherlich auch nicht allzu weit von einem Burnout entfernt, denn meine depressiven Stimmungsschwankungen nahmen überhand. Und in solchen Phasen dann noch 12–15 Stunden Tage, ist es nur eine Frage der Zeit, bis das Burnout oder eine andre Krankheit sich bemerkbar macht.

Klar hatte ich mir auch eine gewisse Balance geschaffen, anhand meines Sportes und meiner gesunden Ernährungsweise, jedoch nahm mir das nicht die Negativspiralen meiner insgesamt außer Kontrolle geratenen Gedanken und Glaubenssätze.

Auch jetzt wo ich mein Leben im Griff habe, mir dazu eine phänomenales wie auch solides Fundament meines gesamten ICHs geschaffen habe, bleiben negative Situationen und energieraubende Ausrutscher nicht aus. Es geht ja auch nicht darum perfekt zu werden und sich gar nichts mehr zu gönnen, denn das werde ich auch nie schaffen und das wäre ja auch uninteressant. Es geht darum die perfekte Balance zu erschaffen, für das beste ICH, das bei jedem Menschen eine eigene DNA trägt.

Die intensivsten Erkenntnisse entstehen in den schlimmsten oder erdrückendsten Situationen. Wenn man zum Beispiel ein Nahtod Erlebnis hat, dann wissen wir zwischenzeitlich, dass diese Menschen quasi eine Neugeburt haben zu diesem Zeitpunkt. Sie leben ihr Leben von einem Moment auf den anderen viel bewusster und dankbarer. Jeder Mensch im Umfeld, vor allem Familienmitglieder, werden wieder viel intensiver wahrgenommen. Der Mensch, der den Nahtod erlebt hat, weiß jetzt, wie schnell das Leben vorbei sein kann, und möchte die verbleibende Zeit für ihn alles Wichtige, genügend Zeit nehmen. Er fängt vielleicht an sich gesünder zu ernähren, hört auf mit Rauchen oder Alkohol. Er wird alles so angehen, dass er sich auch zum Schluss sagen kann, ich habe alles dafür getan, um mein Leben so gut wie mir möglich zu verlängern, der damit verbundenen gesunden Lebensführung, die bestmögliche Zeitnutzung, das Verbringen genügend Zeit mit meinen mir wichtigen Mitmenschen. Solche Aussagen wurden bereits von Betroffenen Personen gemacht. Somit wurde ab hier in allen Bereichen Mehrwert geschaffen wie auch entwickelt, sehr wahrscheinlich entsteht hier eine dankbare Grundhaltung für die bevorstehende Zukunft. Dementsprechend hat sich dieser Mensch Zwischenziele gesetzt, ein gutes und solides Fundament zu erarbeiten, wie auch sein bestes ICH zu erschaffen. Also warten wir nicht auf solche Situationen, wir haben heute die Möglichkeit, starte noch heute damit!

Auch Ärzte liegen sehr oft nicht richtig oder sind in vielen Situationen selbst ratlos, wenn es um das Herausfinden geht, woher etwas entstanden ist oder was einem wirklich fehlt. Die Suche nach der Nadel im Heuhaufen beginnt oder die Suche in der Galaxie des menschlichen Innenlebens, körperlich oder auch psychisch. Oftmals wissen wir es besser, da wir unseren Körper kennen. Und das können wir intensivieren mit der Analyse und Auseinandersetzung der Anatomie und Kopfhirn wie auch Darmhirn, die auch sehr oft eine entscheidende Rolle spielen im Zusammenspiel, was das Thema der Ernährung anbelangt.

Um nochmals auf die Fehldiagnosen zu kommen, die auch bei Ärzten passieren können oder sogar mehreren Ärzten zusammen passiert sind. Viele Menschen haben bereits solche „Wunder" mitbekommen, dass Diagnosen gestellt wurden, bei denen ein Mensch entweder keine Überlebenschance mehr haben sollte, aufgrund seines Krebses, an dem er erkrankt ist, in einem zu weit fortgeschrittenen Stadium. Ein zweites bekanntes Beispiel, ein Mensch, der die Diagnose erhält, nie mehr gehen zu können, weil er irreparabel gelähmt ist. Und trotzdem hat der Krebspatient überlebt und ist krebsfrei und der Gelähmte kann wieder gehen. Auch hier geht es lediglich darum Situationen vor Augen zu führen, die tatsächlich passiert sind und vielen unerklärlich vorkommen. Es soll ein Blickwinkel entstehen, dies für sich persönlich ableiten zu können und die Stärke des Glaubens erkenntlicher zu machen. Deshalb formuliere ich diese Situationen so kurz und bündig.

Dies alles hat funktioniert, weil diese Menschen den Glauben an sich und die Selbstheilung hatten. Sie haben es angenommen und losgelassen innerlich, dann aber alles dafür getan, um es wieder auf die Beine zu schaffen. Und sie haben es geschafft.

Was ist das Erste bei einem Druckabfall im Flugzeug, was man tun soll, sobald die Atemmasken herunterkommen? Richtig, sich selbst anziehen, so dass du noch in der Lage bist den anderen zu helfen.

Genau dieses Denken braucht es auch mit deinem Leben, je mehr du dein Leben geordnet und im Griff hast wie auch finanziell abgesichert bist, desto mehr kannst du auch deinem Umfeld und allen anderen Helfen, denen du willst.

Ein großes Problem auch heute noch ist, dass sehr viele Menschen den Halt im Außen suchen. Doch der einzige richtige Weg besteht darin, sich den Halt in sich drin zu verschaffen, ab dem Moment, wenn du so weit bist, dann ist der Rest noch reine Pflege und Kosmetik.

Wir müssen aufhören uns einzuschränken und hierzu hatte es bereits Platon auf eine verständliche Weise ausgedrückt, ein Ausschnitt aus dem Buch von Rachel Poulton „Philosophen Kompakt". (Die Höhle ist unsere Welt, bedeutet, dass wir alle in der Welt des Werdens gefangen sind, es ist alles illusorisch und im Wandel. Jedoch außerhalb der Höhle befindet sich das Reich des „Seins" (den Krebsen im Eimer gleichzusetzen Sinnbildlich), wo der wahre Sinn liegt und wir ihn entdecken können, wenn wir den Philosophen zuhören und uns öffnen für die Wahrheit, somit wir vom Sonnenlicht erleuchtet werden.) Ich habe es etwas abgewandelt, aber es sagt in etwa dasselbe aus. Die größte Problematik ist, dass bei Erleuchtung und Ausdrücken wie diesen sich viele Menschen direkt innerlich blockieren und gleich sagen: „Mit diesem esoterischen Scheiß befasse ich mich nicht, das ist alles Humbug.“ Dies ist nur die Angst vor unbekanntem Terrain, denn ich hatte mich vorher auch immer gesträubt gegen diese Ansichten oder Vorgehensweisen. Wenn ich an diese Ausdrücke dachte, kam dies ganz früher in meiner Jugend sofort direkt in Verbindung mit Sekten oder irgendwelchen Ansichten oder Vorgehensweisen, bei denen man den ganzen Tag am Meditieren ist (dies waren die negativen und unwissenden Glaubenssätze, von denen ich nicht loskam, weil ich mich nie damit befassen wollte) oder irgendwelche spirituelle Abläufe vollzieht. Jedoch kann ich euch beruhigen, dem ist hier überhaupt nicht so, ich bin eher das pure Gegenteil. Aber das mit der Erleuchtung stimmt und ist der richtige Ausdruck, es kommt immer auf die Ausdrucksart darauf an, denke ich, ob man etwas annehmen kann. Drücken wir die Erleuchtung mal so aus, wir beginnen Dinge zu verstehen, die uns zuvor verborgen in unserer Vorstellungskraft lagen, wie wenn wir direkt miterleben würden, dass jemand, der als tot erklärt wurde, weil er unheilbar krank wäre, und trotzdem den Krebs besiegte und sich heute bester Gesundheit erfreut. Hier sagen die meisten, es sei ein Wunder. Wenn es sich für dich besser anfühlt, dann kannst du statt Erleuchtung sagen, es passieren Wunder, Hauptsache, du fühlst dich wohl dabei. Obwohl es die meisten von uns nie direkt live miterlebt haben, glauben wir daran, auch wenn dies zuvor nie jemand in Erwägung gezogen hätte daran zu glauben, ist es zu tausenden passiert, Menschen, die als tot erklärt wurden, haben überlebt, weil sie selber daran geglaubt und innerlich nicht aufgegeben haben. Dies sind Erleuchtungen und ich denke nicht, dass das abschreckend ist, es ist emotional berührend und motivierend und so sollte man diese Ausdrücke auch betrachten.

Auch wenn man gewisse spirituelle oder esoterische Ausdrücke und Handlungsweisen in seinen Tag einbezieht, wird man nicht ein anderer Mensch, es ist eher so, dass man ruhiger wird, dass man gesinnter allem gegenüber wird, dem ganzen Leben und Sein, dass man auch durchdachter und überlegter wird. Es geht darum sich von innen her immer mehr zu entspannen und eine innere Balance zu finden, mit der Auseinandersetzung mit sich selbst, mit den aktiven Handlungsweisen, was hier in meinem Buch beschrieben wird und dies sind alles Handlungsweisen, die du voll und ganz auf dich anpassen kannst. Und wenn es dich mehr beruhigt, dann kannst du auch mit Atemübungen oder mit ganz ruhigem Liegen durch Entspannen dich herunterfahren und deinem Körper bewusste Ruhe schaffen und ihm somit für seine Leistung etwas zurückgeben. Während der Arbeit an sich, den Verbesserungen, den Optimierungen, wirst du nie mehr Langeweile haben, die dich runterzieht, es gibt ständig etwas zu tun, es gibt ständig Erfolgserlebnisse, die dich weiter pushen, die dir ständig positive Energie liefern.

MERKE DIR, ES GIBT KEIN RICHTIG UND KEIN FALSCH, aber tue es in der richtigen Balance zu deiner Gesundheit, deiner Zeit für alles andere auf deinem Weg. Es sollte jederzeit harmonisch zu allem sein und es soll dir guttun und deiner Entwicklung nützlich sein …

„Alle denken nur darüber nach,
Wie man die Menschheit ändern
könnte, doch niemand denkt
daran, sich selbst zu ändern.“

– Leo Tolstoi –

Methoden zum Annehmen, Loslassen und Vergeben

Hier fangen wir an mit der eigentlichen Arbeit zum Thema. Wie bereits erwähnt, gebe ich dir Inputs und Ansätze, die durch meine Erfahrungen mit anderen Autoren, über Bücher und Hörbücher, aber auch in sehr vielen Selbsterkenntnissen entstanden sind. Die Selbsterkenntnisse haben wiederum umgekehrt funktioniert, bedeutet, ich hatte sozusagen ein „AHA"-Erlebnis, was ich innerlich spürte und dann im Nachhinein erst durch einen Autor bestätigt wurde, weil genau diese Erlebnisse beschrieben wurden. Dies wird auch der eine oder andere kennen, es ist eine innerliche Eingebung. Wichtig bei allem ist die stetige Arbeit damit und die ständigen Wiederholungen. Jedoch das soll alles ohne Druck und Stress in gemütlichen, über mehrere Tage oder Wochen verteilten Prozessen passieren. Das eine kannst du schneller loslassen, das andere etwas weniger, jedoch in Kombination mit allem anderen wirst du es schaffen, vor allem mit dem Fokus auf das Positive, die Dankbarkeit und der wohlwollenden Begegnung allen Mitmenschen gegenüber.

Fange z. B. an, dir eine Liste zu erstellen, nimm dir einen Tag oder mehrere Tage Zeit, dir alles aufzuschreiben, was dich belastet oder dich nie losgelassen hat, wie zum Beispiel ein Erlebnis in der Kindheit. Dies darf auch mehrere Tage dauern und es muss auch nicht sofort passieren, mir sind zum Beispiel erst später noch Dinge eingefallen, die ich dann, während ich bereits einiges losgelassen hatte, noch dazu nahm auf die Liste und dies dann auch begann zu verarbeiten.

Was bei mir am besten funktioniert hatte, war erstmal die Dinge anzunehmen und zu verstehen, dass ich dies selbst in der Hand habe, was ich damit mache. Ich nahm es sozusagen an wie ein Stück Vergangenheit und legte es weg in die Schublade meiner Negativ-Erlebnisse meiner Vergangenheit, durch diese entstand ein positives Befreiungsgefühl. Dies passierte im ersten Schritt mit Aufschreiben in meinem Handy, der „Notiz-Funktion", schrieb ich alles Erlebte mit dieser Person auf und ließ es damit los, ich ließ es hinter mir, in-

dem ich es ablegte. Ich wiederholte die Prozesse, bis es endgültig abgelegt war. Es klingt sehr simpel, jedoch war es sehr effizient. Jeder muss hier seine eigene Methode entdecken. Es gibt heutzutage sehr viele gute Autoren und bewährte Methoden hierzu.

Dazu fing ich aber auch im selben Moment an mit dem Aufschreiben der Dankbarkeit, Dankbarkeit allem gegenüber, was mir guttat. Somit ersetzte ich die negativen Emotionen stetig mit positiven Emotionen und dies funktioniert gut, wenn man zum Beispiel ein Tagebuch zur Hilfe nimmt. (Wie bereits erwähnt, hier gibt es sehr gute Versionen von Tagebüchern, als Hilfe oder Unterstützung) Durch diese ausgeglichene Waage, die da entsteht durch Hervorheben von allem Positiven, ist die Erkenntnis des unnötigen Festhaltens nach und nach immer klarer.

Neben dem Loslassen gilt es auch zu vergeben, dem Außen, also deinen ganzen Familien-Angehörigen, Freunden und allen anderen Mitmenschen gegenüber, wie dazu auch gleichermaßen dir selbst gegenüber. Vergebe dir Schritt für Schritt, alle Tätigkeiten in deiner Vergangenheit, die dich nie richtig in Ruhe gelassen haben oder du wehmütig darauf zurückgeschaut hast und dies auch ständig Freunden gegenüber kundtust bei Gesprächen über die Vergangenheit mit ihnen. Vergebe allen im Außen, aber auch dir selber, egal welches Thema, vergebe und lass los. Fange an sogar jedem alles Gute auf seinem Weg zu wünschen, du wirst keine Zeit mehr mit ihm verbringen, weder personell noch gedanklich, denn du hast ihn auf eine gute Reise geschickt mit den besten Wünschen, mit dem Negativen im Gepäck freigegeben. Ab hier fängst du an frei zu werden von dem Ballast.

Bei mir war es meine Sportkarriere, für die ich 19 Jahre alles gegeben und dann von einem, auf den anderen Tag aufgegeben hatte. Dies blieb mir in meinen Gedanken fest verankert und dies verdrängte ich jahrelang, denn ich war auf dem besten Weg da in der höchsten Liga spielen zu können, jedoch gab ich auf. Dieses innerliche Festhalten und die immer wiederkehrenden vielleicht unbewussten Selbstvorwürfe blieben mir erhalten. Und dies ist eine innerliche Belastung, auch wenn man dies einfach verdrängt, es bleibt im Unterbewusstsein hängen, mit allem anderen Ballast. Dies führte mich zu dieser Zeit auf Abwege, die mich viel Erfah-rungswerte in sehr viel negativen Aktivitäten und Bereichen, je-doch auch das eine oder andere Positive für die nächsten Jahre bescherte. Es war sicherlich größtenteils die Situation vom Vollzeit-Sportler zum Stubenhocker, vergleichsweise, um die Intensität der Veränderung deutlich zu machen. Ich wusste nicht mehr richtig, was mit der ganzen Zeit anzufangen, denn mein ganzes Leben war zuvor gefüllt mit Sport. Mein Lernprozess hatte gestartet, denn im direkten Vergleich fand das Leben zuvor in meiner Komfortzone statt. Hier kam die Zeit, die meine Eltern auch richtig auf die Probe stellte.

Das gesamte Außen trug dabei auch seinen Teil bei, indem es auch ständig erwähnt, wie schade es ist und die Aussagen, „du hättest es so weit bringen können ... “, alles Ballast, was es noch schwerer machen kann und mir sicherlich keine Hilfe war in meiner Selbstfindung oder dem Versuch dazu.

Mach dir klar, das Leben findet im Jetzt statt, das andere ist Vergangenheit und die muss abgelegt und losgelassen werden. Hier gab es genügend positive Dinge aus dieser Zeit und die behalte ich und nehme ich weiter mit bei Gesprächen über die Vergangenheit. Also alles Positive aus der Vergangenheit kann man auch immer wieder mal in einem Treffen kurz zurückblicken, jedoch vermeide, so gut es geht, die negativen nochmals in Erinnerung zu rufen, denn dies ist meistens kontraproduktiv.

Fange an im Alltag deinen ganzen Tag zu planen anhand einer Morgenroutine, Abendroutine. Eines Erfolgsjournals (für tägliche Struktur und angenehme Abläufe), welches beispielsweise alle deine kleineren bis größeren Fortschritte festhält, das dich sicher für die 2 Jahre begleiten kann, bis du alles verinnerlicht hast, die Gewohnheiten im Einklang sind mit deinem Alltag, den du dir anhand deiner Zwischenziele erarbeitet hast oder noch dran bist. Das Tagebuch mit den täglichen Erfolgsfortschritten, die erst klein sein werden, aber stetig wachsen. Auch die Dinge, die nicht so gut waren, kann man hier mit dem Notieren als Lernprozess nutzen. Mit der Dankbarkeit löst du im selben Moment immer mehr negatives ab, es verläuft fließend.

(Empfehlungen Bücher, Kurt Tepperwein „Loslassen“ und „Loslassen was nicht glücklich macht“/Dr. Joseph Murphy „Die Macht Ih-

res Unterbewusstseins") (Tipps, Das 6 Minuten Tagebuch/Das 6 Minuten Erfolgsjournal, von Dominik Spenst)

Notiere Ideen, die dir kommen, auch Verbesserungen oder positive Fortschritte, in dein Tagebuch oder Erfolgsjournal.

4.

Gewohnheiten und das Unterbewusstsein

Eine Gewohnheit beispielsweise entsteht aus immer wiederkehrenden Wiederholungen bestimmter Dinge, ob positiv, negativ oder aber auch neutraler Dinge. Beispiel einer bekannten Gewohnheit: das Problem, was viele Menschen haben, ist der Montag nach dem Wochenende und das damit verbundene Aufstehen am Morgen, um zur Arbeit zu gehen. Bereits am Sonntagabend wird die Stimmung beim einen oder anderen leicht depressiv, da sie wissen, morgen wieder zu arbeiten und das Wochenende ist vorbei. Meistens dauert es dann am Morgen ein bis zwei Stunden, dann geht's im Allgemeinen wieder. Dies hatte ich früher auch schon und das lag einerseits am Job und andererseits an meinen Gewohnheiten und den damit verbundenen Emotionen, deren Fokus durch meine Einstellung auf der Freizeit lag. Es sind auch die Gewohnheiten vom Wochenende, die da mit einfließen, mit der vorhandenen Zeit, die man für sich hat, mit sich selber oder seinen Liebsten. Diese setzen relativ schnell ein und man kommt in den Genuss vom Nichtstun und es zu genießen seine Zeit voll und ganz auf seine Interessen auszurichten. Mit Nichtstun ist hier keiner Arbeit nachzugehen und nach bestimmten Vorgaben agieren zu müssen gemeint. Noch intensiver ist diese Situation während und am Ende eines Urlaubs, die Gewohnheit (des erwähnten Nichtstun) mit den positiven Emotionen werden so stark, dass der „Anschiss" auf Abbruch dieser positiven Emotionen, depressive Stimmung und Lustlosigkeit auslösen kann, beim einen stärker, beim anderen schwächer.

Positive Stimmung bleibt dann erhalten, wenn dieser seinen Job mag, denn dann ist der Wehmut dem Abschied des Urlaubs gegenüber nicht so schwer, weil man sich auch auf die Arbeit freut. Dies sollte jedem sein Ziel sein, hier eine gute Balance und eine stetig fließende positive Stimmung zu erreichen und mit der Bereinigung wie auch Neuausrichtung seines Lebens machst du dies möglich.

Andere Perspektiven: Es gibt auch sehr große Abweichungen der Gewohnheitsaneignung, was die Länder, Kulturen und Sitten derer angeht. Auch ausschlaggebend sind die Begebenheiten in diesem Land, was gibt es dort überhaupt für Möglichkeiten. Es geht hier bei diesen Anmerkungen nur darum, Dinge in der Gesamtheit und Vielfalt aufzuzeigen, was die Gewohnheiten angeht, wie weitreichend die sein können und wie wichtig es auch ist, die Wichtigkeit hinter Gewohnheiten zu erkennen, vor allem, um sich zukünftig auf die Positiven zu fokussieren.

Die härtesten Gewohnheiten sind die, die sich ständig in Hungersnot bewegen, welche sich größtenteils in Afrika befinden und uns ständig durch die Medien wieder vor Augen geführt werden. So viele Menschen, die auch heute noch hungern und sterben durch Mangelernährung. Nach wie vor etwa 280 Millionen betroffene (auch hier wirkt das Ganze wie ein Fass ohne Boden). Jedoch sind es auch Gewohnheiten und es widerspiegelt die Extremen des Ungleichgewichts auf der Erde.

Trotz, dass die einen Länder verhältnismäßig in Geld schwimmen, wird es nie ein Gleichgewicht geben zwischen den Ärmsten und reichsten Länder. Wer solches Leid bei diesen armen Menschen sieht oder direkt miterlebt, dem geht das nahe und möchte aufgrund der Emotionen, die uns innerlich überkommen, helfen. Auch die Spende ist ein Thema, was in einer Balance geschaffen werden kann und sollte, denn durch das Spenden wird auch das Universum dir umso mehr wieder zurücksenden, es entsteht hier ein universelles Gleichgewicht, Bedeutet, durch die Kombination von innerer Sicherheit und dem Glauben an das Gesetz der positiven Anziehung, mit der Aussendung durch die Spende „ich habe genug und kann etwas abgeben“, aufgrund dieser positiven Gedanken und Handlungen, kommt automatisch wieder mehr zurück, diese Erfahrung habe auch ich bereits gemacht.

In den 2 Jahren sollte sich eine natürliche Balance in dir entwickeln, auf dich und deinen Alltag wie auch Bedürfnisse abgestimmt. Was bedeutet das Gleichgewicht für den optimalen Tagesablauf zu finden, auch mit den richtig gelebten intensiven Entspannungen (nicht einfach nebenbei, sondern bewusst, mit Methoden und nicht auf dem Sofa TV schauen) dazu auch genügend Schlaf in der Nacht, den du auch in eine natürliche Balance auf dich abgestimmt finden wirst, mit der Auseinandersetzung mit dir. Ich beispielsweise kompensiere an Tagen, an denen mein Schlaf etwas kürzer ausgefallen ist, den bis dahin noch ausstehenden Schlaf mit kurzen Powernappings zwischendrin, die zu mir und meiner Balance gut passen. Diese sind sehr effizient und dauern 15–20 Minuten (Effekt enorm, als hätte man ein paar Stunden geschlafen), danach bin ich wieder aufgeladen und das Energie-Level auf Go. Das konnte ich aber auch nicht auf Anhieb, es fing an mit Versuchen zu meditieren, wie auch die transzendente Meditation, anschließend kam progressive Entspannung bis hin zum Powernapping, ich habe mich herantasten müssen und hier benötigt auch jeder seinen eigenen Rhythmus wie auch seine eigenen Methoden.

Unsere Augen und unserer Sinne sind verbunden mit der Außenwelt und dem Bewusstsein. Ideen und Formen entstehen im Innen, dem Unterbewusstsein, aus deiner Seele heraus. Wahres Wissen entsteht bei den meisten erst in Verbindung der beiden, sobald diese zusammenkommen, also sobald die Vorstellung definiert ist. Um alle verstehen wie auch die Ideen und Formen als wahr annehmen zu können, ohne sie erlebt zu haben in definierter Form, somit offen und frei zu sein, musst du im Innen und Außen frei werden, also durch die Reinheit, durch Resetten, das Loslassen und Vergeben, so kannst du diese Türen öffnen.

Wie bereits in Erkenntnisse und Verstehen erwähnt, ist das Unterbewusstsein die Zentrale der Emotionen und Ausgangslage für deinen weiteren Weg und Verhaltensweisen. Demnach, wenn man die Zentrale angefangen hat auszuräumen von Negativem, mit dem Loslassen und Vergeben, anschließend anfängt das leere und reine Glas, das sich zwischenzeitlich vergrößert und verbreitet hat, aufzufüllen, mit dem Fokus auf alles

Positive, sich die Macht der Anziehung des Universums zunutze macht, der wird sehr entscheidende und lebensbereichernde Schritte vollziehen. Durch diese Vorgänge wächst automatisch dein Selbstvertrauen und Selbstbewusstsein durch den freien und klaren Kopf, daraus entsteht ein wohliger innerer Frieden, worauf ein gesamter Energiefluss entsteht, die durch die Liebe in und um uns in Fleisch und Blut, in Körper, Geist und Seele übergeht. Gleichermaßen wichtig ist es sich anzugewöhnen, den Mitmenschen ab sofort nur noch so gut wie möglich wohlwollend und mit den besten Absichten zu begegnen, lerne dies, auch wenn nicht direkt umsetzbar für dich, dir in kleinen Schritten anzueignen. Denn sobald du dies schaffst, wird dir dein Außen auch nur positiv begegnen können, auf Dauer kommt niemand mehr negativ auf dich zu, denn deine Absichten sind positiv, das weiß und spürt dein Gegenüber.

Beim Aneignen einer Gewohnheit achte zu Beginn darauf, dass das Verhältnis von dir und die Intensität deiner Überwindung in einem guten Verhältnis stehen, dass es für dich als positiv wahrgenommen wird, also, auch wenn es gerade mal 1 Minute dauern sollte. Es geht zu Beginn nur darum, um die Gewohnheit zu erschaffen in einem Bereich. Diese kannst du dann X-beliebig erweitern je nach Befinden und Fortschritten. Ich empfehle alle neuen Gewohnheiten auf maximal 10–15 Minuten zu beschränken, denn am Anfang werden es einige Gewohnheiten sein, die man neu startet. Jedoch mit der kurzen Zeitdauer kannst du umso mehr gleichzeitig starten.

Halte dann die jeweiligen positiven Schritte immer im Tagebuch fest, wie auch die Dinge, die noch nicht so geklappt haben und du verbessern willst. Hiermit kannst du dir auch mit der Zeit die Gewohnheit aneignen, dass es keine Probleme gibt, sondern nur Lösungen. Denn alles, was man annimmt und sich dann den Fokus auf Lösungen zu finden legt, somit sich dann selbst die Frage stellt „wie kann ich dies jetzt am besten lösen" und nicht darauf konzentriert, dass man es nicht geschafft hat, dann wirst du hier den positiven Effekt schnell spüren. So verliert man sich nicht unnötig im Negativen und die Lösungssuche, wird mit der Zeit auch zu einer Gewohnheit.

Wir haben auch die Gewohnheit unser Gegenüber, also den Gesprächspartner, zu spiegeln, dies geschieht meist unbewusst, was bedeutet, wir stellen uns auf unser Gegenüber voll und ganz ein in einem Gespräch, mit dessen Gesichtsausdrücken oder ihrer Körperhaltung. Gesichtsmimik sagt einem viel über unser Gegenüber und dessen Gefühlszustand aus, was die als emphatisch geltenden Menschen besser ablesen können als andere.

Wer hat mal eine Show eines Hypnotiseurs mitbekommen? Der Hypnotiseur kann die Menschen, die es zulassen, über ihr Unterbewusstsein voll unter ihre Kontrolle bringen und diese sind ihm ab da voll und ganz ausgeliefert. Sobald die Testpersonen voll unter Hypnose sind, wird das Unterbewusstsein angesprochen und der Proband wird zum Hund und bellt oder hüpft herum wie ein Känguru oder kann Angstzustände bekommen, weil das Flugzeug gerade abstürzt, egal welches Szenario, es ist für diese Person voll real und nicht mehr steuerbar. Und genauso sind die negativen Abspeicherungen zustande gekommen, alle unsere negativen Gewohnheiten wie Glaubenssätze. Diese können wir ab dem Moment, wenn wir sie losgelassen haben, mit den Positiven überschreiben, sozusagen wie ein PC, der Daten überschreibt, erstmal resetten, bis man freier ist, dann anfangen gleichzeitig zu überschreiben.

Durch die Kombination von dem einerseits Loslassen von negativem Ballast und andererseits, dass sich öffnen und aneignen neuer Gewohnheiten, schaffst du ständig mehr Platz für das Positive in deinem Leben, was deine Emotionen stetig aktiviert. Dein Speicher wird von zuvor mehr negativ einen Wandel machen zu mehr und mehr positiven Emotionen, die sich sammeln, das passiert fließend und verläuft spürbar.

Nehmen wir noch die idiotischen Gewohnheiten des Stresses, so unnötiger Stress, der entsteht am Morgen mit spät Aufstehen und den Rattenschwanz, der daraus dann meistens entsteht. Als Erstes wird der Tag ziemlich sicher nicht mehr positiv werden, aber auch wenn, es ist doch kontraproduktiv so zu starten, dann auf den Bus, Tram oder Zug in letzter Sekunde zu rennen und den vielleicht auch noch zu verpassen. Bei Regen wahrscheinlich noch den Schirm im Stress liegen gelassen und jetzt klitschnass im Zug, genervt und man möchte am liebsten nachhause. *Also als Zeitmillionär und gleichzeitig mit dem Auflösen dieser Gewohnheiten, mit Unterstützung deines Erfolgsjournals, wird alles harmonisch und stressfrei werden, denn du hast alle Zeit, dir auch genügend Zeit für alles einzurechnen. Stehe hier beispielsweise früher auf und schaffe dir somit Qualitätszeit für dich, mit kleinen Änderungen, kann man riesige Effekte in Gang bringen.*

Das Aneignen von neuen Gewohnheiten

Auch hier gilt es die kleinen Schritte dafür zu nutzen. Also die alten Gewohnheiten, dass alles innerhalb einer bestimmten Zeit und am besten sofort passieren soll, muss man unbedingt loslassen und ablegen. Denn genau diese Denkweise hat uns hierher gebracht, wie auch ich sie hatte und das ist unserer Stressgesellschaft und den sozialen Medien zu verdanken. Das Mithalten mit einem Teil der Gesellschaft, also gewissen Vorbildern darin und das Bedürfnis etwas zu verändern ist im Grunde sehr gut, wenn es auf einer gesunden Basis passiert. Finde die richtige Anfangsdauer der neuen Gewohnheit, die Länge ist hier ausschlaggebend und sollte auf deinen Tagesablauf angepasst werden, sodass es keinen Stress verursacht im Zeitmanagement. Zu Beginn sollte die Gewohnheit nicht länger, als 5–10 Minuten dauern, falls es etwas Überwindung kosten sollte sich diese anzueignen, es darf sogar nur eine Handlung dazu sein, bis es integriert ist. Halte alle positiven Schritte im Tagebuch fest, wie auch die Dinge, die du noch verbessern möchtest.

Viele Diäten werden aufgrund der gewünschten Sofort-Ergebnisse völlig falsch und oft auch noch in gesundheitsschädigender Weise vollzogen. Resultierend daraus,-da meist keine Ergebnisse erzielt werden oder nur kurzzeitige Ergebnisse oder dass sogar gesundheitliche Nebenwirkungen entstehen, aufgrund dessen die meisten wieder aufgeben.

Auch hier ist es wichtig die gesetzten Zwischenziele auf ein deinem Körper-Level angepasstes Vorgehen zu gestalten, vor allem deine Gesundheit in den Vordergrund zu stellen, ist wichtig wie ausschlaggebend. Indem man hier in kleinen, aber konstanten wie auch kontinuierlichen Schritten anfängt, diese dann täglich, wöchentlich oder monatlich in einer guten Balance aufbaut, wie auch die Umsetzung deiner Ernährungsumstellung, die du anstrebst, kannst du eine dauerhafte, solide Umstellung erreichen. Diese, ab diesem Zeitpunkt umgestaltete und auf Gesundheit ausgerichtete Ernährung bringt dir einen dauerhaften Erfolg im Innen wie Außen. Denn wenn man sich sagt, ich habe 2, 3 oder sogar 4 Jahre und gestalte mir einen angenehmen Plan danach, eben auf Basis des brennenden Verlangens, was bedeutet, ich bleibe dran, bis ich das optimale Verhältnis von meinem Körper, Psyche und auch meinem nackten Spiegelbild erreicht habe. Mit dem sozusagen Rundum-sorglos-Paket der Gesundheit, bedeutet, dem, falls notwendig, Gang zum Arzt für einen Gesundheitscheck ausgehend oder aber falls nicht notwendig, mit der alleinigen Auseinandersetzung deines Innen wie Außen.

Mit den heute allen zugänglichen Daten über alles, was unsere Anatomie angeht, kann sogar der Gang zum Arzt auf ein Minimum reduziert werden oder wird bestenfalls sogar nicht mehr notwendig. (Dies funktioniert aber nur, wenn man sich intensiv mit seinem ganzen Innen so wie auch Außen auseinandergesetzt hat, also mit dem Körper kommunizieren kann und seine Symptome und Körpersignale zu lesen versteht.) Mit einem gesunden Körper und reinen Geist und einer reinen Seele kann man die Kräfte der Selbstheilung sehr gut nutzen und einsetzen.

Bei der täglichen Aneignung der Gewohnheiten in allen Bereichen kann das zu Beginn noch etwas unkoordiniert und noch nicht so definiert wirken und das muss es auch nicht, denn du hast 2 Jahre Zeit für dein Fundament, was enorm viel Zeit als Zeitmillionär ist, das wirst du schnell feststellen. Die klaren Abläufe und Definitionen werden sich über das stetige Justieren einpendeln, solange bis es sich voll und ganz auf dich und deinen Alltag eingependelt hat.

1. Schritt: Wichtig ist erst alle alten Gewohnheiten, die dir nicht im Positiven nützlich sind, abzulegen.

Jetzt mach dir eine Liste, wenn du nicht ganz sicher bist, welche Zwischenziele du hast und welche Gewohnheiten du angehen willst. Diese Liste kannst du am besten in einem Erfolgsjournal eintragen, das dich dabei unterstützt. Hierzu gibt es gute Exemplare, wovon ich selber auch eines für mich genutzt habe und es ist sehr entlastend, da man mit dem klaren Ablegen und Strukturieren eine innerliche mentale Last ablegt. Dazu ist es am besten sich diese Eintragungen in einem Tagesablauf wie der Morgenroutine oder Abendroutine einzuplanen, je nachdem, was du für eine Arbeit hast und ob du Morgenmensch oder Abendmensch bist. Ich hatte das Tagebuch, wie auch das Erfolgsjournal jeweils in die Morgenroutinen und Abend-

routine mit eingebaut. Hierzu sollte durch deinen Entscheid der 2 Jahre für dich jedoch genügend Zeit da sein, da du bereits die Zeiten für dich reserviert hast. Fange mit jeder Gewohnheit, die dir nicht so leicht fällt, an, in Schritten, die dich keine Überwindung kosten, beispielsweise 1 Minute dran sitzen, beim nächsten Mal vielleicht 1 Minute 30 Sekunden. Es geht zu Beginn lediglich darum, neue stetige Gewohnheiten einzubringen, die du dann nach und nach ausdehnen kannst in einem passenden Verhältnis zu deinem Tagesablauf. Jedoch durch den positiven Effekt mit der Zeit, die du plötzlich zur Verfügung hast, kann es sein, dass du dir auch gerne mehr Zeit dafür nimmst.

(Empfehlung von Büchern hierzu, Dr. Joseph Murphy „Die Macht Ihres Unterbewusstseins", „Das Erfolgsbuch", Brian Tracy „Millionen schwere Gewohnheiten")

Notiere Ideen, die dir kommen, auch Verbesserungen oder positive Fortschritte, in dein Tagebuch oder Erfolgsjournal.

5.

Blickwinkel

Jeder Mensch hat seine eigenen Blickwinkel. Das ist jeweils der aktuelle Seins-Zustand in seinem Leben. Also da wo du gerade stehst und etwas begutachtest oder beurteilst, das entstand aus den Summen all deiner Entscheidungen in deinem Leben bis hier, wo du zurzeit stehst, deinem Blickwinkel aus dieser Gesamtsumme heraus. Dies werden die meisten sicher bereits wissen und hier geht es dabei auch nicht um eine Belehrung, es geht mehr darum, den Dingen Beachtung zu schenken und stets in den wichtigen Situationen, anhand der Klarheit deines Ist-Zustandes, die richtigen Entscheidungen zu treffen. Wenn ein Mensch in seiner eigenen Welt mit den aufgebauten Glaubenssätzen und Gewohnheiten gefangen ist, ist es schwierig ihn von anderen Möglichkeiten und Vorgehensweisen zu überzeugen, solange eine eingeschränkte Ansicht besteht. Denn das Überzeugen findet, wie wir wissen, nicht im Außen statt, sondern im Innern und da drin tobt größtenteils ein Sturm, wenn jemand einem einen Rat geben möchte. Das Problem dabei ist, es fühlt sich an wie eine Belehrung und die möchten wir nicht mehr, denn wir sind ja keine Kinder mehr, wir sind selber bis hierhergekommen und wenn ich etwas brauche, finde ich es selber. Das sind Verbindungen, dies geht von teils von unnötigem falschem Stolz, bis hin zu Selbstschutzmechanismen die einsetzen, wie beispielsweise direkt innerliches zumachen und abblocken oder auch Trotzreaktionen können entstehen. Resultierend, werden die Vorschläge sogar teils als lächerlich hingestellt, bis hin zu verbalen Angriffen, um sich damit zu verteidigen.

Wenn man beispielsweise ein Buch liest und dieses danach weglegt, daraufhin das Buch nach einer oder zwei Wochen wieder liest, dann wirst du sehr wahrscheinlich die Dinge anders wahrnehmen oder dir werden andere Sachen auffallen, die dir beim letzten Mal nicht aufgefallen sind, da du dich zuvor noch in einem anderen Blickwinkel deines Seins befunden hattest. Denn das ganze Leben ist wie bereits erwähnt Energie und Energie ist im Fluss und bleibt nie stehen. Also wenn man sich mit diesen Begebenheiten anfängt auseinanderzusetzen, sich nicht mehr einschränkt und auch offen für Neues wird, heißt dies nicht, du wirst dich ändern oder das andere für gut empfinden zu müssen. Es bedeutet aber, du lernst nach und nach deine Mitmenschen und deren Blickwinkel eher zu verstehen. Resultierend daraus wird es dir aber gleichzeitig mehr Verständnis, innere Klarheit und Gelassenheit bringen.

Wenn man sich dazu ständig weiterentwickelt, dann verändert sich alles noch schneller. Während der Lernentwicklung mit PPTT, dem Loslassen, werden viele neue Verästelungen geschaffen im Prozess. Die Vernetzungen im Denken werden stetig ausgeprägter und auch hier entsteht ein effizienter Fluss. Dazu kommt: Je ausgeglichener unsere Balance ist, desto freier werden wir, bis eine innere Sicherheit in stetiger Präsenz ist, wo auch innerer Frieden irgendwann entsteht, sobald du so weit bist. Von einem gewissen Zeitpunkt an werden auch diese veränderten Blickwinkel kleiner, wie beim Buchlesen, also weniger Abweichung, nicht mehr so volatil, denn du findest immer mehr zu dir.

Es ist auch so, dass der Blickwinkel und die Summe deiner Entscheidungen im aktuellen Stand deines Lebens entscheidend sind, was die Interessen und Zuneigungen zu bestimmten Bücher angeht. Dem einen sagt das eine Buch mehr zu, der andere kann sich mit einem anderen Buch oder Autor besser identifizieren. Jedoch ist jedes Buch wertvoll, jedes trägt seinen eigenen Wert. Denn jeder Autor hat aus seinem Blickwinkel seines aktuellen Stands im Leben in den Summen seiner Entscheidungen und Erfahrungen sich intensiv mit dem Thema befasst und sein Buch geschrieben. Darum kann nie ein Buch das gleiche sein wie ein anderes, denn kein Mensch hat die gleiche Summe, in etwa zu verstehen wie eine eigene DNA, was diese Zusammenstellung angeht.

Ein Blickwinkel ist sozusagen, um es verständlich darzustellen, die eigene DNA. Es gibt Gleichgesinnte, die bei vielem gleich denken, jedoch aus verschiedensten Blickwinkeln, mit verschiedenen Summen aus getroffenen Entscheidungen, wo sie bis dahin gekommen sind, wo sie stehen.

Ganz ein einfaches Beispiel hier ist, wie jemand eine Situation wahrnimmt, also wenn 2 Kollegen ein Fußballspiel schauen und für dieselbe Mannschaft sind, dann nehmen sie ein Elfmeter wegen eines Fouls gleichermaßen zur Kenntnis. Jedoch wenn der eine für die gegnerische Mannschaft ist, wird er innerlich eher denken, „nein, das war kein Foul“, somit können hier aufgrund Sympathie andere Blickwinkel in einem entstehen.

Auch ein weiteres einfaches Beispiel, wenn 5 Leute in einem Test zu einem Film befragt werden, den sie gerade angeschaut haben, dann werden jedem Einzelnen verschiedene Dinge hängengeblieben sein, beim einen oder anderen vielleicht dieselben, jedoch nimmt jeder den Film aus einer anderen Perspektive, einem anderen Blickwinkel wahr, vielleicht hat der eine gerade Stress in der Beziehung und projiziert dies jetzt in eine gewisse Szene …

Wenn in einer Firma eine Schulung zur Weiterbildung gemacht wird, dann wird der ehrgeizigere Mitarbeiter dies als Chance zum Wachsen sehen, während der weniger ehrgeizige oder anders ausgedrückt, der, der die Arbeit dagegen als Mittel zum Zweck sieht, es eher als Last sehen.

Anderes Beispiel: Du hast gute Freunde, mit denen du sehr viel Zeit verbringst, die haben ständig Momentaufnahmen von dir und erfahren vielleicht noch beim Zusammensitzen das eine oder andere von dir oder über dich. Jetzt entwickelst du dich, fängst an mit einer Veränderung, die du in deinem Blickwinkel extrem wahrnimmst, jedoch deine Freunde, mit denen du zwar viel Zeit verbringst, die nehmen trotzdem nur einen Bruchteil dessen wahr und auch von dem, was du ihnen mitteilst, werden sie es anders aufnehmen, als du es rüberbringst, denn sie sind in ihrer Welt unterwegs und sehen es von ihrem Blickwinkel, woraus sehr oft auch Missverständnisse entstehen oder sich jemand ein Urteil bildet, weil man ja sehr eng ist und eigentlich nur das Beste will für den anderen. Jedoch der, der sich gerade am Entwickeln ist, der sieht die Sache ganz anders und der Freund, der helfen will, macht aus seinem Blickwinkel mit seinen Erfahrungen, auch wenn er mal nur etwas gelesen hat über diese Sache, Aussagen, die nicht hilfreich sind.

Weiteres Beispiel: Berühmte Persönlichkeiten werden zum Teil zu Unrecht verurteilt. Klar, sie sind an der Öffentlichkeit und sie müssen damit rechnen, jedoch sieht man auch hier stets nur eine Spitze des Eisbergs. Hier entstehen aus den verschiedensten Blickwinkeln von Menschen, aus ihren eigenen entstandenen Welten, ihrem Blickwinkel, Interpretationen und Meinungen, die größtenteils völlig falsch sind meiner Meinung nach. Dann tragen noch Medien ihren Beitrag dazu bei.

Wie sollen Mitmenschen deine Entscheidungen verstehen und akzeptieren, wenn sie nicht gerade Gleichgesinnte sind in diesem Bereich ... Denn wir lehnen intuitiv Dinge erstmal ab, wenn wir sie nicht kennen und keinen Sinn darin sehen oder erkennen können, auf unsere Referenz-Erlebnisse und Blickwinkel.

Nehmen wir hier die Verbindung von Blickwinkel und Gewohnheiten: Wir haben auch Gewohnheiten unseren Mitmenschen gegenüber, die können sich in Veränderungen bemerkbar machen. Es ist der Selbstschutz deines Partners, deiner Partnerin, Familie, deines Sohnes, Freundes usw. vor entstehenden Veränderungen, denn bis heute ist hier eine bekannte Gewohnheit und ein Blickwinkel auf dich entstanden und wenn sich dann einer von beiden plötzlich entscheidet sein Leben oder etwas davon abrupt zu verändern, dann wirkt dies meist erstmal etwas abschreckend auf das Gegenüber. Denn dies wird dessen Leben auch beeinflussen und je näher man diesem Gegenüber steht, desto mehr wird es auch auf sein aktuelles Leben einwirken. Auch bei der Veränderung ist hier natürlich entscheidend, wie groß diese sein wird. Es ist ein Eingriff auch in deine Bequemlichkeit der Situation deiner Beziehung diesem Menschen gegenüber, die sich jetzt schlagartig in Unbequemlichkeit ändern kann, wenn dieser

Mensch innerlich nicht gleichgesinnt oder verständnisvoll dem gegenübersteht.

Noch ein Beispiel: Zwei Liebende, die einige Jahre eine sehr schöne Zeit zusammen verbracht haben, der eine Partner könnte auf immer so weiterleben, doch der andere hat sich innerlich in der letzten Zeit verändert, dies aufgrund verschiedenster Möglichkeiten. Jedoch hat dies nicht immer nur etwas mit dem Partner zu tun, aber die Zufriedenheit des Partners, der am liebsten so sein Leben weiterführen möchte, sich nicht weiterentwickeln möchte, da er/sie sagt, das Leben muss einfach Spaß und glücklich machen, aber vor allem soll es einfach sein, wie es gerade ist, das kann hier zum Dorn im Auge werden. Denn hier hat der Partner, der eine Veränderung anstrebt, sich in sich drin angefangen Gedanken zu machen und möchte sich weiterentwickeln, in welchem Bereich auch immer, jedoch kommt dies dem gemütlichen Partner ungelegen und stößt somit vielleicht auf Unverständnis, denn dies bedeutet, es bedarf einer Anpassung und je intensiver das Vorhaben, desto intensiver die Anpassung, daraus resultierend groß kann das Unverständnis sein.

Dein Außen, also damit meine ich deine Mitmenschen, müssen sich auch erst an deine Veränderungen gewöhnen und sobald die Veränderung so ist, dass es zur Gewohnheit wird beim Gegenüber und sie es angenommen hat in sich drin, wird dies zu einer normalen neuen Gewohnheit, da sich das Gegenüber sein Leben so ausgerichtet hat, dass du von nun an so in sein Leben integriert wirst. Zu Beginn ist es meist unumgänglich, dass es erst unbequem wird für die Außenstehenden, vielleicht sagen sie du bist komisch geworden, weil sie dich und die Situation noch nicht einordnen können und schätzen es falsch ein. Du kannst sagen, dass es dir fantastisch geht und du etwas für dich und deine Zukunft tust, was dir einen zukünftigen Mehrwert bringt, auch dann wird es für den Moment nichts ändern, dein Umfeld muss es in sich, für sich erst ausmachen und sich damit abfinden. Später, wenn sie dann die geschafften Veränderungen sehen, wird es auch beim Letzten angekommen sein.

Blickwinkel Ernährung

Ich war gerade einen Magerquark mit Haferflocken am Essen. Hier scheiden sich auch die Geister und die meisten würden hier sagen: „Das geht gar nicht, null Geschmack oder das kriege ich nicht runter." Es ist auch eine Art von Blickwinkel, die in Verbindung mit den Geschmacksrezeptoren steht. Dieser Blickwinkel und die Rezeptoren verändern sich in einen anderen Blickwinkel während des Prozesses einer Umstellung der Ernährung und Veränderung. Ich hätte es mir vor 15 Jahren auch niemals vorstellen können so etwas zu essen und heute ist es ganz normal und es schmeckt mir dazu auch noch sehr gut, weil es einfach normal und zu einer Gewohnheit wurde, die Gewohnheit mich mit wenig Zucker zu ernähren. Auch diese Umstellung kann in kleinen Schritten vollzogen werden, beispielsweise: „Ich setze mir das Ziel, in 2 Jahren auf ein Minimum an Zucker, Weißmehl und Salz umgestellt zu haben."

Früher aus der Kindheit, also in meiner Kindheit war Zucker und ungesundes fettiges Essen ganz normal (auch heute ist fettiges Essen in gutem Maß nicht unbedingt ungesund, dazu gute Fette sind notwendig als Energielieferant) und man hatte sich damals noch keine großen Gedanken darüber gemacht, das war damals aber keine Ignoranz, man wusste es einfach nicht besser, also die Mehrheit wusste es noch nicht besser und es war damals alles noch nicht so weit verbreitet wie heute. Heute hat man alle Möglichkeiten und Zugänge, sich ein solides und gesundes Leben zu gestalten, wenn man den Weg kennt oder bereit ist ihn kennenzulernen. Es gibt keinen einheitlichen Weg, jedoch gibt es Stützpfeiler, die einen führen können. Hier gilt aber, nur der auch sucht, dem kann auch geholfen werden. Also wer nichts ändern will, der hört auch nicht zu und ist aufnahmeresistent, dazu weiß er meist alles besser.

Es geht bei diesen Erklärungen und Beschreibungen darum, die Klarheit hinter uns eigentlich bewussten Dingen zu offenbaren. Ich hatte angefangen meine täglichen Tätigkeiten und Ausführungen stets zu analysieren und auseinanderzunehmen. Mein Gedanke dahinter, jede einzelne Ausführung, wie zum Beispiel beim Joggen die Haltung stetig zu verbessern, ein gerader Rücken, Schultern zurück, Brust raus, wären des Prozesses meiner Entwicklung und meines stetigen veränderten Blickwinkels. Denn auch wenn man denkt, die Haltung ist eigentlich gut zwischenzeitlich, kann es immer Details geben, die man noch verbessern kann.

Das klingt jetzt für die meisten wahrscheinlich im ersten Moment etwas übertrieben, jedoch geht es hier nicht um die eine Situation, es geht darum alle Tätigkeiten in gewissen Rhythmen abzuchecken und wieder aufs Neue zu prüfen. Wie ein Buch oder ein Lernvideo, was man erneut liest oder schaut, es bleiben einem nur Bruchteile erhalten, daher sollte man die wichtigen Dinge in seiner Entwicklung ständig wiederholen und somit Gewohnheiten schaffen, die dich wachsen lassen. Sobald die Gewohnheiten eingespielt sind, dann werden diese zu Routinen, die unbewusst ablaufen werden.

Solange wir unseren Blickwinkel auf unser jetziges Leben richten, beispielsweise mit sehr viel süßem Essen, dann kann man und will man sich gar nicht vorstellen, wie es ist ohne, dies ist ganz normal, denn es ist erstens eine Sucht und zweitens ist es eine Gaumenexplosion im Moment der Einnahme. Das war's dann aber auch. Für ein paar Minuten Gaumenexplosion nehmen viele das Langzeit-Resultat in Kauf und verschließen die Augen, um ihren Willen des reinen Genusserlebnis für diesen kurzen Moment durchzusetzen, jedoch die Langzeitfolgen können gravierend sein oder werden. Was jedoch keiner von ihnen, die nicht verzichten können oder wollen, kennt, ist der Blickwinkel, der sich einstellt, von der Seite, in der man das Süße in einer gesunden Balance in die Woche oder in den Monat integriert, wo es ein Genuss ist, jedoch kontrollierter Genuss. Dies wird eine befreiende Wirkung in deinem Leben ab einem gewissen Zeitpunkt, eine genau gleiche Sicht wird auf die Ernährung geschaffen, wie der Moment, als du viel Süßes gegessen hattest, es wird sich einstellen in deinem Unterbewusstsein. Süßes wird dann nur noch ein seltener intensiver Genuss, den du aber nicht mehr brauchen wirst, sondern die Kontrolle darüber haben wirst.

Wasser ist die reinste Form, wenn es direkt aus der Erde kommt, aus einer Quelle entspringt, ohne Unreinheiten darin versehen. Menschen bestehen auch größtenteils aus Wasser. Das gesündeste Getränk und das einzige Getränk, was unser Körper benötigt, ist Wasser. Wir reinigen unseren Körper mit Wasser. Ich finde dies sehr starke Hinweise, wenn man sich Gedanken über Reinheit macht, und das ist an sich selbsterklärend.

Das Arbeiten mit dem Blickwinkel

Jetzt kommt das richtige Vorgehen, um auch in diesem Bereich eine gute Balance zu erreichen, somit, gleichermaßen zu den anderen Themen eine gute Verbindung zu schaffen.

Ganz einfaches Beispiel: Viele lassen sich ständig durch das Wetter beeinflussen und sogar lenken und stellen ihre Stimmung darauf ein. Lerne mit jeder einzelnen Wetterlage Freude zu verbinden, indem du dir die guten Dinge, die positiven Eigenschaften zu diesem Wetter rauspickst und diese in den Vordergrund stellst, wie beispielsweise: „Ich habe jetzt endlich Zeit, dies und das zu erledigen." Oder du sagst dir: „Der Regen bringt Leben und gibt den Pflanzen Wasser ... " Es gibt noch viele positive mögliche Gründe als positiver Mensch und Zeitmillionär, der sich entwickeln will. Es ist ganz einfach, wenn man mal angefangen hat damit. So sollte man sich von nun an in jeder Lebenslage verhalten und sich neue auf positiv ausgerichtete Ansichten, allem gegenüber zulegen. Alles nimmt Einfluss auf deinen Tag, demnach ist es umso wichtiger, dass du alles in eine gute Balance von positivem Fokus getragen aufbaust, dementsprechend bleiben deine Motivation und Leistung den ganzen Tag erhalten.

Es ist nicht den Tatsachen entsprechend, dass es normal ist ständige Hoch- und Tiefphasen zu haben, dies kann ich jetzt mit Garantie sagen, es geht auch ohne Tiefphasen, denn ich habe diese Phasen nicht mehr, nicht mehr so, wie man sie kennt. Die Tiefphasen sind nur noch von kurzer Dauer heute, dann habe ich bereits die Lösung für das Problem gefunden und das kannst du auch schaffen. Dies kann auch jeder erreichen, der dafür offen ist und sich nicht selber blockiert, also den Blickwinkel akzeptieren kann und alles dafür unternimmt mit PPTT zusammen diesen Stand, den Blickwinkel deines angestrebten ICH zu erreichen. Ich spreche hier nicht über größere Schicksalsschläge, diese sind hier nicht entstanden in meiner Entwicklung. Jedoch wird man mit PPTT, auch enorm an Stärke für solche Momente aufbauen können, Für Situationen, welche jederzeit eintreten können, ist die innere Stärke zu stabilisieren und innerliche titanische stärken zu erreichen, die einzige Möglichkeit sich dafür etwas vorzubereiten oder zu wappnen. Somit in diesem Moment genügend

Kraft dafür zu erhalten, zur Verfügung zu haben, je nach Intensität des Schicksalsschlags.

Notiere Ideen, die dir kommen, auch Verbesserungen oder positive Fortschritte, in dein Tagebuch oder Erfolgsjournal.

6.

Zwischenziele visualisieren, manifestieren, affirmieren

„Alles, was gegen die
Natur ist, hat auf Dauer
keinen Bestand."

– Charles Darwin –

Wie bereits erwähnt, soll sich deine Zukunft um Zwischenziele drehen, um den goldenen Weg des Passepartout. Dieser soll in Verbindung mit der Verpflichtung von lebenslangem Lernen und Entwickeln eine stetige Manifestation werden.

Diese Empfehlungen des lebenslangen Lernens und der Verpflichtung kannst du in hunderten von Büchern lesen und es wiederholt sich ständig auf die beschriebene Art des Autors. Jedoch auch ich habe es zuvor nicht hinbekommen dranzubleiben, aufgrund der ganzen Blockaden, vor allem innen, gedanklich, körperlich, aber auch die ständige Beeinflussung vom Außen, seien es Familienangehörige, Freunde, Verwandte, Bekannte, Kollegen in der Firma oder eben durch die ganzen TV- und Sozialen Medien. Angefangen, wie bereits im Buch erwähnt, bei den falschen Glaubenssätzen, die sich festgefahren haben, zum Teil seit der Kindheit.

Strebst du an, Gutes zu tun für deine Umwelt, Mutter Erde, Mitmenschen, Tiere? Dann setze vorerst dich an erste Stelle, in deinen Vorhaben und Gedanken. Denn wenn du diesen Weg gehst und die Hilfe dem Außen hintenanstellst oder zumindest auf deine aktuellen finanziellen Möglichkeiten, wie auch zeitlichen Möglichkeiten anpasst, bis du danach ausgeglichen bist, wie auch den inneren Frieden verspürst und dazu finanziell abgesichert sein wirst, kannst du allem außen positiv begegnen und jedem helfen dem du möchtest. Und heute ist die Liste von den Hilfsbedürftigen unendlich geworden, dieses Bedürfnis kann man sich immer erfüllen. Stark und finanziell stabil wirst du jedoch eine ständige und aussagekräftigere Hilfe im System.

Wir sollten zeitgemäß leben und denken. Vor allem jetzt, wo die Stromkosten in die Höhe schießen, bewusst und stromsparend leben. Hierzu kombiniere ich mehrere Aspekte und bezüglich auf PPTT unserer Finanzen mache ich eine zeitgemäße Rechnung. Zeitgemäß weil wir hier von einer Weltweiten Notlagen sprechen (Ausnahmezuständen), welche wir beispielsweise im Klima finden, Umweltverschmutzungen wie Mikroplastik, auch Gifte wie Stickstoffbelastung und Chemische Gifte, Rohstoffabbau welcher zu Ressourcen-Knappheiten führt, um ein paar wenige erwähnen. Zu viele Menschen, was immer zu mehr Handlungsbedarf führt und Optimierungen wie Verbesserungen, die einen Beitrag leisten können, ist er noch so klein, sind immer willkommen. Dazu möchten wir gleichzeitig die Finanzen in den Griff bekommen (diejenigen die dies noch müssen). Um deine Finanzen in den Griff zu bekommen und Geld einzusparen, die Stromkosten zu senken und auch im gleichen Moment daraus zu profitieren, sollten wir Wohngemeinschaften bilden. Partnerschaftliche oder auch sonstige mit Familie oder Freunden, es den Studenten gleichtun und vielleicht sogar fremde Wohngemeinschaften bilden. Auch ich lebe seit Beginn in einer Wohngemeinschaft, damals aber ausgehend von dem Interesse von einem Beruf, in den anderen zu wechseln, den Beruf, der mir zugesagt hatte und ich wusste, dass ich ihn lieben werde, meine Entfaltung und Entwicklung darin. Ich musste monatlich auf über CHF 2000.- verzichten, ein günstigeres Fahrzeug kaufen und in eine Wohngemeinschaft ziehen. Dies tat ich aber für meinen Fokus, die Zwischenziele und meine Entwicklung, um nicht ständig in der Entwicklung durch Geldmangel blockiert zu werden und somit unnötigen negativen Stress zu verursachen. Die Wohngemeinschaft macht heute noch mehr Sinn als je zuvor und es kann sehr viel Geld eingespart werden, um hier finanziell ein gewisses Polster zu schaffen. Zumindest für die 2 Jahre würde es Sinn ergeben, wenn du Geld generieren willst.

Zwischenziele, dein Traumleben sollten so behandelt werden, wie sie bereits erreicht sind, du bist nur noch auf dem Weg dahin. Schreibe es dir täglich oder wöchentlich in dein Tagebuch und erzähle, wie es sich damit anfühlt. Lege dir ein Bilderbuch deines Traumlebens an mit den jeweiligen Daten dazu, wann du diese erreicht haben wirst, also du hast sie bereits gebucht, du bestimmst lediglich noch die Zeit für den Weg dahin. Ein Datum zu geben ist sehr wichtig.

Bei dem Erreichen der Zwischenziele wird keine Frage mehr sein, ob, sondern wann sind sie erreicht, denn das Erreichen wird zur Selbstverständlichkeit.

Bei langfristigen Zwischenzielen steht endlich der Weg im Fokus, denn von Zwischenziel zu Zwischenziel ist immer ein Weg zu beschreiten, der hier einen riesengroßen Spaß machen wird, da alles fließend ist und die Erfolgserlebnisse kommen automatisch ohne Druck.

Endziele wie Liebe, Glück und Sicherheit stellen sich irgendwann automatisch ein, bei dem der seine Chance hier mit dem Buch erkennt und konsequent seinen Weg des PPTT beschreitet.

Dies sind sozusagen gewisse Grundpfeiler dieses Buches. Während man den Weg beschreitet, diese Themen in seine Interessen einbezieht, wird sich nach und nach alles in einen Fluss positiver Strömung entwickeln, in Form von Energie, die sich bündelt in Materie. Du wirst ein unaufhaltbarer Schnellzug, der durch stetiges Wachstum sich exponentiell entwickelt und vorankommt. Hauptanteil deiner Tage werden positiver Natur sein, ein positives Ergebnis folgt dem nächsten. Und ein Schnellzug, der mal in Fahrt ist, der lässt sich nur sehr schwer aufhalten.

Klar wird nicht nur Positives passieren, Probleme sind und bleiben präsent, was auch normal und okay ist, jedoch wirst du lernen, sie als Geschenke zum Wachsen anzunehmen und aus jedem Problem die bestmögliche Lösung zu finden und so wird die Zeitdauer eines Problems in deinen Gedanken stetig kürzer. Deine Stärke und Selbstvertrauen nehmen zu und deine Vernetzungen fangen an sich zu automatisieren. Ab einem gewissen Zeitpunkt gibt es für den inneren und äußeren Reichtum keine Grenzen mehr.

Genauso wie es sich in dem ganzen Prozess, der Summe aller Entscheidungen eines Menschen passiert, bis er der ist/war, der er jetzt gerade ist. Klar, Schicksalsschläge oder Unfälle kann man nie einplanen und oft auch nicht verhindern. Jedoch ist man auch immer in diesen Situationen verantwortlich für seine Gedanken, sein Handeln danach und seinen Umgang mit der Situation.

Mit dem universellen Gleichgewicht, der richtigen Balance in der Ernährung, ganz auf dich abgestimmt mit der Kommunikation und Auseinandersetzung mit dir und vor allem deinem Innen, der Zufriedenheit und Gelassenheit dahinter, der Balance im Alltag mit deinen Gedanken, in Harmonie Körper, Geist und Seele, wird die Selbstheilung stets aktiv sein und durch die Balance in deiner Gesamtheit bleiben Krankheiten eine Seltenheit oder ziemlich sicher sogar ganz aus.

Der Glaube spielt hier die nächste entscheidende Rolle dahinter, sich zu erinnern, wer wir sind, woher wir kommen und dass wir im Grunde reine Geschöpfe sind, jeder einzelne Mensch, jedes einzelne Lebewesen. Und je näher wir gedanklich und körperlich wieder dahingelangen, desto reiner wird dein Körper auch sein.

Krankheit gibt es mit der richtigen Balance im Innen und Außen eigentlich nicht. Außeneinflüsse (wo auch Nahrungs- und Getränke-Einnahme dazu gehören), werden keine Chance gegen dich und dein Immunsystem haben, ihm größeren Schaden anzurichten.

Bei Gewohnheiten aneignen geht es am einfachsten mit Anker setzen, diese kannst du dir täglich oder wöchentlich setzen, je nach Thema. Beispiel: Ich steige in die Dusche, stelle das Wasser an (Anker setzen), jetzt entspanne ich meinen Körper proaktiv. Sobald ich fertig bin mit Duschen (Anker setzen), werde ich am Schluss auf ganz kalt stellen und meinen Körper mit kaltem Wasser abduschen, danach jedes Mal, wenn ich aus der Dusche komme (Anker setzen), tupfe ich meinen Körper mit dem Handtuch ab, wie auch meine Haare, (Anker setzen) im Winter lasse ich das Trocknen weg und lasse lufttrocknen (da die Haut trockener ist im Winter), bei mir funkti-

oniert dies sehr gut um meiner Haut die optimalen Bedingungen zu schaffen. Jedoch kann das auch individuell sein, je nach Hauttyp. So einfach kann man sich Anker setzen und auf diese Weise sind diese Gewohnheiten nach etwa 1 Monat verinnerlicht bei täglicher Ausführung. Während dessen kannst du bereits andere Anker setzen und andere Gewohnheiten mit so kurzen Sequenzen aneignen und verinnerlichen. Es funktioniert und es ist eigentlich sehr simpel sich so viele Gewohnheiten aufzubauen und die kann man ja variieren, wie man möchte. Und genau so funktioniert es auch dann auf Zwischenziele hinzuarbeiten, egal welches Thema oder welchen Bereich, es funktioniert über kleine Schritte zu größeren Schritten in aufbauenden Prozessen die Zwischenziele erreichen. Je nachdem, wie groß das Zwischenziel ist, desto mehr oder weniger Zeit kannst du einrechnen, bleibe in einem realistischen Zeitplan, aber sei auch mutig und traue dir etwas zu. Du kannst alles erreichen.

Notiere Ideen, die dir kommen, auch Verbesserungen oder positive Fortschritte, in dein Tagebuch oder Erfolgsjournal.

7.

Brennendes Verlangen, Glauben, Wissen

„Der Wille gestaltet den Menschen,
zum Erfolg braucht er jedoch
Mut und Ausdauer."

– Bruce Lee –

Klarheit, Disziplin und Beharrlichkeit (K-D-B) sind die treibenden Kräfte für das Erreichen der Zwischenziele.

Meine Erklärung zu den einzelnen Begriffen und Bedeutung, zur Identifizierung:

1. Klarheit ist: Das Wissen, was man will und dass man davon nicht abweichen wird, bis man es erreicht hat, mit dem Wissen dahinter, es gibt keine Probleme, nur Lösungen.
2. Disziplin heißt: Ich habe das unerschütterliche Verlangen, die Motivation und den Willen dranzubleiben, auch wenn es ein paar Hürden geben wird auf dem Weg.
3. Beharrlichkeit bedeutet: Ich suche mir die Wege und finde sie auch, egal ob längere oder kürzere Wege, ich bleibe dran und gebe stets alles dafür.

Wer aufgibt, gewinnt nie.
Wer nie aufgibt, wird irgendwann gewinnen!

Also wer die Gesetze des Lebens befolgt, der wird unweigerlich irgendwann seine Zwischenziele erreichen. Es gibt gewisse Hürden und Rückschläge auf dem Weg, jedoch mit der Hilfe und dem Weg des PPTT kannst du diesen Weg erträglicher gestalten, weil du dir nicht ständig selber im Weg stehst. Über den klaren Verstand aufgrund des aufgeräumten Innenlebens, von der mentalen Seite, über die körperlichen Blockaden, von Symptomen zu Körpersignalen, die immer eine Kommunikation vom Körper oder Unterbewusstsein sind, um dir zu sagen, hier, bei diesem Körpersignal oder Symptom, ist eine Handlung notwendig. Ein geordnetes Vorgehen, mit klaren und richtigen Strategien deiner Interessen wird dies ein Wandel in dir entfachen, den du nach und nach in jedem Bereich deiner Vorhaben bewirken wirst, spürbar auch für dein Außen, jedoch in einem für deine Mitmenschen schleichenden Prozess.

Durch die stetigen konstanten Erfolgserlebnisse wird alles in Fleisch und Blut übergehen, in Kombination mit dem Fokus auf die Dankbarkeit und allgemein auf einen positiven Fokus und dazu durch Loslassen der negativen Dinge wird ständig mehr frei für noch mehr Positives.

Durch den Glauben und das Wissen hinter dem Glauben kannst du in dir das brennende Verlangen entfachen, dass dir die innere Sicherheit wie auch Stärke gibt, die notwendig ist, um die innere Stärke zu titanischer Stärke zu härten. Dies wird bedeuten, dass du außen noch Stellen haben kannst, die dir gewisse Verletzungen zufügen, jedoch nicht in dein Unterbewusstsein vordringen können, da das Unterbewusstsein mit der Schicht aus Titan geschützt ist.

Das brennende Verlangen entsteht auf der Grundlage des K-D-B-Prinzips. Die Klarheit kannst du dir durch den Entscheid des PPTT verschaffen. Die Disziplin steckt in dir, du musst sie nur wieder hervorholen, mit den richtigen Schritten und Prozessen, ohne Druck. Die Beharrlichkeit wird mit der Klarheit und den Erfolgserlebnissen aus der Disziplin auf deinem Weg entstehen.

Das Problem, was viele haben, ist folgendes: „*Die meisten Menschen sehen Dinge nicht, wenn sie daran nicht glauben, sie glauben nur an das, was sie auch mit eigenen Augen sehen.*“ Mir ging es früher auch so.

Hier kommt mir gerade noch ein Gespräch mit einem Freund in den Sinn, wie er sein Leben, durch das eine oder andere Zitat beeinflussen und hat leiten lassen. Es ist das allerseits bekannte Zitat von Mohamed Ali „schweben wie ein Schmetterling, stechen wie eine Biene“, was für ein Zitat und wer ihn dabei gesehen hat, weiß, wie es aussieht, wenn er schwebte und zustach.

Und wenn ich mich in dieses Zitat hineinfühle, kann ich dies mit meinem goldenen Weg des Passepartout voll und ganz fühlen. Der ganze Prozess von den 2 Jahren, die ganzen Erfolgserlebnisse, die in einer Klarheit passierten wie ein Fluss, den ich bereits erwähnte, der sich von nichts aufhalten lässt, um alles herum fließt, das ist der Schmetterling, der herumschwebt und unberechenbar hin und her tänzelt (schwebt). Das Richtige im richtigen Moment zu tun, weil man stetig neue Verästelungen, Vernetzungen schafft auf dem Weg, das ist die Biene, die im richtigen Moment zusticht, bedeutet auf den richtigen Moment zu warten und im richtigen Moment genau das Richtige zu tun.

Durch das lebenslange Lernen und die Verpflichtung dessen uns gegenüber streben wir Spitzenleistung an. Ständiges Lernen und Weiterentwickeln bedeuten nicht querbeet über alles Bescheid zu wissen, es bedeutet klar, zielgerichtet und strategisch vorzugehen. Erstmal sollte es vordergründig nur um deine Persönlichkeitsentwicklung gehen, jedoch schließt das deinen Traumberuf, indem du dich wohlfühlst, mit ein. Und Bücher sollten nicht einfach nur gelesen werden, es soll mit ihnen richtig intensiv gearbeitet werden, wieder und wieder lesen, verschlingen und Notizen machen, anstreichen von wichtigen Stellen und beim erneuten Lesen sind bereits neue Vernetzungen entstanden, die dich von Zeit zu Zeit noch weiterbringen können. Auch Hörbücher wieder und wieder hören, ständig aufs Neue abrufen und einfließen lassen. Es gibt Bücher, die habe ich bereits sicher um die 50-mal gelesen insgesamt, um damit die Intensität klarzumachen. Denke an unsere großen Philosophen, alles ist ständig in Bewegung, von Energie umgeben, aber auch in uns ist der stetige Fluss von Energie. Je freier wir sind, desto stärker der Fluss und die Anziehung der Dinge, die du anstrebst.

Finde deinen Traumjob, für den du keine Zeitgrenzen siehst, mit dem du deine Finanzen auch innerhalb einigen Jahren zu beträchtlichem Reichtum bringen kannst, in der Kombination deines inneren Reichtums, den du dann schon längst erreicht haben wirst. Setze dich dann voll und ganz mit deiner Firma auseinander und wenn es nicht deine Firma ist, dann sehe es trotzdem als deine Firma und behandle jede Thematik dementsprechend. Übernimm Verantwortung, erhöhe somit auch dein Engagement und Zeit soll keine Rolle mehr spielen. Lasse es fließen in der richtigen Kombination und Balance mit deinen Entspannungsphasen in deinem Tag für dich alleine.

Es ist spannend zu sehen, wie sich die meisten Menschen voll und ganz aufopfern für ihre Kinder, ein brennendes Verlangen entwickeln, damit alles dafür tun zu können, ihnen ein gutes Leben zu ermöglichen. Dies ist doch wunderschön und genau das ist doch wiederum so schade. Denn in der heutigen Zeit, mit allen uns zur Verfügung stehenden Möglichkeiten und sogar Zugriffen von zuhause aus, über Internet und alle Hilfsmittel, schaffen es die meisten trotzdem nicht, noch etwas mehr für sich zu tun, weder für ihre Persönlichkeit, ihren Körper und noch das Wichtigste, auf die Gesundheit, zu achten. Wieso entwickelt man nicht dieses brennende Verlangen, was man Kindern gegenüber hat, auch auf sich und opfert man sich voll und ganz für eine erwünschte Veränderung in allen Bereichen auf, mit dem gleichen Engagement und bleibt dran, bis es erreicht ist? Für ein Baby nimmt man weniger bis fast keinen Schlaf in Kauf, man ist jede Sekunde aufmerksam und lässt es keinen Moment aus den Augen, das Bedürfnis, ihm alles zu geben und zu ermöglichen, versetzt die Eltern in Höchstleistungen.

Wie auch das Baby oder ein Kind, das noch nicht wirklich versteht oder noch nicht immer weiß, was du willst, oder eben es weiß und ein unbändiges brennendes Verlangen hat zu bekommen, was es will. Somit wird es dementsprechend alles dafür tun, um zu bekommen, was es sich in den Kopf gesetzt hat, es will es jetzt sofort und schreit auch in der Öffentlichkeit, wenn es sein muss. :)

Also jeder hatte oder hat noch so ein brennendes Verlangen in sich, es flackert noch im tiefen Unterbewusstsein verborgen, teils in den tiefsten Tiefen unter allem Ballast vergraben. Jeder kann dieses Flackern wieder zum Brennen bringen, indem er es wieder hervorholt und anfängt loszulassen und zu vergeben, neue Glaubenssätze entwickelt und von innerem Ballast Abschied nimmt. Je mehr du dann dich auf Dankbarkeit und Positives fokussierst, desto schneller erlangst du dieses Gefühl und die nötige Energie.

Wer beruflich und finanziell mehr erreichen will, gilt:

Gebe immer 150 % in allem, was du tust, und tue immer mehr als der neben dir, aber erwarte nichts dafür, denn die 100 % der meisten sind keine wirklichen 100 %, denn wie wir wissen, sind wir zu viel mehr in der Lage, als wir glauben in der Lage zu sein. In diese Sphären, in die man kommt mit freiem Kopf und diesen 150 %, sind enorm und jeder Einzelne, der dies durchzieht, hat es mehr als verdient diese Glücksgefühle der inneren Freiheit zu spüren.

Mentale Gewinnerstraße des Lebens, diese kannst du erreichen, sobald du im Kopf frei bist von negativen Gedanken und Ballast, dann wird jeder Tag nur noch gewinnbringend sein und der Reichtum kann sich im Innen wie Außen voll entfalten.

Kleiner Tipp: Richte dir ein Erfolgszimmer ein, wenn möglich, wo du beispielsweise deine Zwischenziele auf großem Flipchart Papier an den Wänden aufhängst und dein Tagebuch und Erfolgsjournal führst, deine Bücher deponiert hast und liest wie auch meditierst oder dehnst. Egal welche Tätigkeiten du für deine Entwicklung ausübst, alles ist für deine Entwicklung und deren Erfolgserlebnissen, demnach könntest du alles dort drin vereinen. Lerne täglich, lerne mit Büchern, lerne mit Hörbüchern bei jeder Gelegenheit und wenn du dies noch nicht richtig kannst, dann bringe es dir bei in kleinen Schritten, erst 1 Seite, dann stetig steigern, bis du keine Überwindung mehr benötigst. Jedoch mit den 2 Jahren und der Zeit nur für dich und dem Loslassen wirst du schnell drin sein.

Zwischenzeitlich gibt es bei mir keinen Tag mehr, an dem ich nicht gelesen wie auch Hörbücher gehört habe, es ist nicht ein Mich-Zwingen oder -Überwinden, sondern stetiges Bedürfnis, weil ich die Entwicklung so richtig aufsauge. Und dieses Gefühl ist unbezahlbar. :)

(Empfehlungen Bücher, Bodo Schäfer „Die Gesetze der Gewinner", John Kehoe „Die Geheimnisse inneren und äußeren Reichtums", Anthony Robbins „Das Robbins Power Prinzip", Tim S. Grover „Kompromisslos", Napoleon Hill „Think and Grow Rich")

Notiere Ideen, die dir kommen, auch Verbesserungen oder positive Fortschritte, in dein Tagebuch oder Erfolgsjournal.

8.

Dein Warum und das Warum dahinter

Ich bin bereits auf dem Weg zu meinen Warum und das muss nicht nur eines sein, es können mehrere sein, auch ich habe mehrere. Auch wenn eines meiner Warums noch in vielen Belangen nach wie vor weit entfernt liegt, weiß ich, ich werde es erreichen, egal wie lange es dauert, denn hier setzen mein Glaube und brennendes Verlangen ein. Mein Warum ist auch nicht eigensinnig und nur auf meinen Vorteil bedacht, im Gegenteil, es ist ein Warum, dass vielen einen Mehrwert bringen wird in meinem Außen. Was das ist, werde ich irgendwann noch preisgeben. Hinter meinem Warum gibt es die Erklärung zu diesem Warum, also warum mein Warum entstanden ist, was auch sehr wichtig ist zu wissen und sich dessen bewusst zu sein.

Zwei wichtige Warum von mir sind beispielsweise, die zwei besten Lebens-Drogen für mich: ***Der innere Frieden und die finanzielle Freiheit.***

Was das Spezielle daran ist, ich kenne die finanzielle Freiheit in dem Sinne, was es aussagt, noch gar nicht, denn ich bin derzeit noch nicht finanziell frei. Dennoch, durch meine Vorgehensweise mit PPTT und meine laufenden Erfolge, wie schnellen Entwicklung meiner finanziellen Situation, dem Direktvergleich meines vorherigen Lebens zu jetzt wie ich es lebte vor meinem Start und mich in den Negativspiralen befand, vor allem finanziell, ist es, als wäre ich jetzt bereits finanziell frei. Denn dies ist, was ich bereits deutlich in mir spüre, ich weiß ich werde es schaffen!

Ich erlebe diese innerliche Sicherheit und den damit hergestellten inneren Frieden, da ich mein gesamtes Leben in einer Balance habe, meine ganze finanzielle Situation im Überblick und ich weiß, es wird jetzt nur noch nach oben gehen. Die finanzielle Freiheit habe ich bereits erreicht, ich bin lediglich noch auf dem Weg dahin, sinnbildlich gesprochen (hier nutzt man das Gesetz der Anziehung in Kombination des Glaubens und dem brennenden Verlangen). Dies ist eine Bestellung an das Universum, welche eintreten wird, wenn man dranbleibt.

Es heißt immer wieder, Menschen überschätzen oft, was sie in einem Jahr erreichen können, und unterschätzen, was sie in 10 Jahren erreichen können. Jedoch das größte Problem dabei ist, dass die meisten nicht dazu kommen dies festzustellen welche Entwicklung sie machen könnten, da sie zuvor aufgeben, trotz vieler nützlicher Hilfsmittel.

(Empfehlung Bücher Simon Sinek „Frage immer erst: Warum", „Finde dein Warum")

Notiere Ideen, die dir kommen, auch Verbesserungen oder positive Fortschritte, in dein Tagebuch oder Erfolgsjournal.

9.

Bewegung, Sport, Ernährung

Egal welchen Bereich du verbessern oder starten willst, Bewegung, Sport oder Ernährung, jeder einzelne Bereich ist wichtig für deine Gesundheit, denn deine Gesundheit sollte immer an oberster Stelle stehen. Nur dann kannst du uneingeschränkt alle deine Zwischenziele verfolgen. Gesundheit bedeutet aber nicht, dass man nur noch alles macht, was zu 100 % als gesund erachtet wird, denn da gibt es auch verschiedenste Ansichten und jeder Mensch und Körper müssen individuell angeschaut werden, um Gesundheit, Darmhirn wie auch Kopfhirn in Einklang zu bringen. Denn dies ist entscheidend, dass alle drei Bereiche übereinstimmen. Es bedeutet auch nicht, dass man nur noch verzichten muss. Es verträgt auch nicht jeder das Gleiche, dazu spricht jeder Körper seine eigene Sprache. Lerne deinen Körper kennen, mit seinen Symptomen und Signalen, lerne mit ihm zu kommunizieren und ihm auch zuzuhören, das ist sehr wichtig.

Aber auch hier gilt, du musst aus deiner Komfortzone raus in gewissen Momenten. Jedoch wie im Vorwort beschrieben kann man das Verlassen der Komfortzone in der Kombination der 2 Jahren PPTT und indem du die Prozesse in kleine Einheiten herunterbrichst, um ein vieles erträglicher machen und dazu wirst du trotzdem ziemlich schnell Fortschritte machen können. Das Gute dabei ist, du machst in den verschiedensten Bereichen stetige kleine Fortschritte, also vielleicht ist das mit dem Prozess, was den Sport angeht, nicht sofort spürbar, jedoch kommt bereits in einem anderen Bereich der erste Erfolgsschritt. Und so bleibst du bei allen neuen Gewohnheiten dran, an denen du in kleinen Schritten arbeitest, denn auf diese Weise ist es easy und raubt dir nicht unnötig Zeit, somit entstehen bei allen Themen fließende Prozesse miteinander folgenden Erfolgserlebnissen in verschiedenen Bereichen.

In meiner Kindheit vor etwa 30–40 Jahren war es ganz normal, als es hieß, du stehst nicht vom Tisch auf, bis der Teller leer ist. Das Aufessen der Speisen war sehr wichtig, in erster Linie, dass man auch genügend Nahrung zu sich genommen hat, aber auch weil die schwierigen Zeiten mit Nahrungsmangel und Krisen nicht weit entfernt waren, somit für die Eltern sehr wichtig. Die Kriegszeiten und Weltwirtschaftskrisen waren sehr harte Zeiten und dies führte zu dieser damals normalen Denkweise. Die Hungersnot in Afrika wurde da auch immer gerne als Beispiel genommen, die wären dort doch froh um dieses ~~Essen~~. Was heute aber klar ist und wir zwischenzeitlich wissen, dass es besser ist, nicht über die Sättigung hinaus zu essen. Es ist sogar so, dass es noch besser ist, wenn man bewusst weniger ist und somit stets ein kleiner Hunger entsteht.

Hier sollte man eine gute Balance finden, abgestimmt auf sich. Den meisten ist klar, dass sie zu viel essen, und unternehmen meist klägliche Versuche, ihr Gewicht in den Griff zu bekommen, die aufgrund falscher Vorstellungen scheitern, weil alles immer schnell gehen muss und meistens so nur kurzfristig funktioniert oder eben nicht funktioniert. Der einzig richtige Weg ist eine Langzeit Umstellung auf eine gesunde und ausgewogene Ernährung. Nimm dir richtig Zeit dafür und setze dich intensiv damit auseinander, genau dafür stehen diese 2 Jahre, als Zeitmillionär. Im heutigen Stressalltag finden wir diese Zeit nicht, zumindest die meisten nicht, vor allem diejenigen die etwas mehr Zeit dafür benötigen, um hier auf einen grünen Zweig zu kommen. Dies findet man aber auch nur heraus in dem man sich für sich die Zeit nehmen will. Auch die ständige sogenannte Nervennahrung wie Schokolade, die oft als Selbstschutz benützt wird, ist größtenteils weit entfernt von einer gesunden Balance. Das richtige Rezept braucht auch die richtigen Zutaten und die richtigen Dosierungen, um das richtige Ergebnis zu erzielen. Finde auch beim Rezept deiner Ernährung die richtige Dosierung mit dem Zucker, Weißmehl und Salz. Denn diese drei Zutaten sollten eher die Minderheit deiner Ernährung ausmachen, dies ist bereits bekannt.

Jäger und Sammler lebten damals von den gesunden Nahrungsmitteln, wenig Fleisch, Fisch und viel Pflanzen, Gemüse und Früchte falls es diese gab, es war zwar meistens eher zu wenig als zu viel, weil sie noch die ganze Zeit unterwegs waren und auch jagen mussten, ständig in Bewegung, jedoch von der Grundeinstellung wäre es gesünder. Sie waren in einem viel gesünderen Zustand zu dieser Zeit als die Nachkommen, die Siedler. Und hätten die damals bessere Hygiene gehabt, also sich auch damit ausgekannt und diese besser beachten können, wären sie bestimmt auch älter geworden. Also die Lebenserwartung eines Jägers/Sammlers war um einiges länger als die der Siedler, die viel Getreideprodukte aßen und mehr körperliche Arbeit ausübten, die nicht für ihren Körper geeignet war. Dazu hatten die Jäger und Sammler durch ihre stetige Bewegung auch bessere Abwehrkräfte zur Verfügung. Wie auch bekannt ist, hatten die Jäger und Sammler bessere Zähne gegenüber den Siedlern. Im Entwicklungsprozess und der Arbeit an mir sind Verbindungen wie auch Vernetzungen entstanden, während ich mich mit einem Buch befasste, bei dem es sich um die Steinzeit handelt. Im selben Moment sah ich mir Dokumentationen aus der Steinzeit an. Es gibt nach wie vor Parallelen und Verbindungen mit der Entwicklung zu den Siedlern bis hin zur heutigen Zeit der Stressgesellschaft und der größtenteils ungesunden Lebensweise und Ernährung, es ist uns auch das eine oder andre erhalten geblieben.

Interessant war auch eine Sendung, die ich ab und zu schaue und auf mich wirken lasse in Bezug auf die Entwicklung der Menschen von der Steinzeit bis heute, es spielt in der Wildnis und die Teilnehmer werden dort nackt ausgesetzt: „Naked Survival“. Dann schaute ich auch noch einen Film namens „Captain Fantastic, einmal Wildnis und zurück“. Hier werden genau diese zwei Welten, nämlich der Urzeit und von heute, zusammengeführt und die Vorteile der Verbindung daraus werden ersichtlich. Der eine Vorteil bei Naked Survival ist, dass die Menschen hier so gut wie keine Hilfsmittel haben und ein faires Aufeinandertreffen von Mensch und Tier dadurch geschaffen wird. Man erkennt, wie wenig ein Mensch und sein Körper zum Überleben brauchen und dass diese Menschen trotz Vorbereitung mental nicht viel mehr als 40 Tage in der Lage sind dieses Leben auszuhalten. Es ist natürlich immer ausschlaggebend, unter welchen Begebenheiten sie ausgesetzt sind und was für tierische und pflanzliche Essmöglichkeiten es gibt oder zu finden sind. Wenn es nicht der Nahrungsmangel ist, können es Tiere sein, die gefährlich werden können, es können die Natur und das Wetter sein und wenn es das nicht ist, dann kann dich die hygienischen Umstände in die Knie zwingen. Weiter trägt zum Teil auch das enge Zusammensein zweier oder mehrerer Personen, die sich zuvor nicht kannten, seinen Beitrag im mentalen Bereich bei. Resultierend kann man aber erkennen, dass man mit einer guten Dosierung von Steinzeit und heute sich gedanklich eine gute Ernährungsbasis schaffen kann. Klar braucht es dazu ein offenes Mindset dafür, um dies als Weg zu erkennen (wenig Nahrungszufuhr, ständig jagen und bewegen, nie an einem Ort länger verharren wie die Tiere in der Natur, die würden sich nie überfressen, aber auch besinnt, also überlegt Jagen wegen dem Kalorienverbrauch).

In der Wildnis nackt ausgesetzt, zeigte beispielsweise einen Mann, der in der Armee in einer Spezialeinheit ist und sich gut mit der Wildnis auskennt und mit ihm eine blonde Frau, die in ihrer Heimat unterschätzt wird, wie sie sagt, jedoch seit der Kindheit das Fallenstellen von ihrem Vater lernte. Sie werden in der Wildnis von Kanada in einer Region ausgesetzt, wo es Schwarzbären, Elche und Wölfe gibt. Sie schafften es 6 Tage lang nicht, Feuer zu machen, obwohl der Mann dies sonst immer geschafft hatte, zuvor. Sie haben nichts Richtiges zu essen und auch nur verseuchtes Wasser, das sie spartanisch filtern mussten mit einer Art Moos oder etwas dergleichen. Die Nächte waren kalt und oft regnerisch, der Mann verlor 16 kg und die Frau 10 kg und sie haben erst am Tag 18 eine kleine Schlange zum Essen, mit dem Feuer, das sie ab Tag 7 am Brennen hielten. Zwischendurch gab es ein paar kleine Frösche zum Essen. Es war hart, aber sie überlebten es trotz fast keiner Nahrung.

Es geht mir hier um die Erkenntnis von den extremen Unterschieden zu schaffen und zu verdeutlichen, jede Zeit hatte seine Vorteile und die möchte ich hervorheben.

Bei diesem Beispiel Neked Survival konnten sich die Teilnehmer das Mitmachen aussuchen und sich darauf vorbereiten. Kennt jemand Cast Away Verschollen aus dem Jahr 2000? Dies ist ein Film, der einer wahren Begebenheit entspricht und natürlich Hollywoodreif verfilmt wurde. Jedenfalls zeigt dieser Film einen verschollenen Menschen, von denen es ja zu Genüge auch gibt, oder gab, jedoch bekommt man meistens sehr wenig von solchen Geschichten mit, außer eben sie werden verfilmt. Jedoch entsteht genau hier der Unterschied zu den Shows, was das menschliche Unterbewusstsein anbelangt, denn psychologisch betrachtet wissen die Teilnehmer, dass sie einer extremen Situation ausgesetzt werden, und bereiten sich noch darauf vor. Der nächste Unterschied ist, sie wissen, sie können, wenn es darauf ankommt, abbrechen und dies ist eine Sicherheit, die besteht und egal wie weit man geht, es ist jederzeit ein Notausgang, den haben die Verschollenen nicht, sie müssen um ihr Überleben kämpfen ohne jegliche Vorbereitung oder Hilfe, außer sie sind mehrere, die sich gegenseitig helfen. Und in so einem Moment setzt auch das brennende Verlangen ein, man will einfach überleben und zurück zu der Familie. Das zeigt, wozu wir imstande sind, wenn wir keine andere Wahl haben und das ist einiges mehr, als sich die meisten in ihren Gedanken überhaupt vorstellen könnten. Ich möchte damit klarmachen, dass während dieser 2 Jahre des „Kampfes“ um das beste ICH, auch deine Komfortzonen zu durchbrechen und sich nicht immer nur in der „Kuschelzone“ zu bewegen, man sich trotzdem in einer angenehmen Zone bewegt, wenn man das ganze aus anderem Blickwinkel beginnt zu betrachten und dazu in dem Luxus, in dem wir leben, ist es ein Leichtes dies zu schaffen. Was sind denn 2 Jahre von deinem Leben im Vergleich zum Rest, der dir dann bleibt.

Nehmen wir den Prozess und Wandel vom Jäger und Sammler zu Siedler, der weitestgehend die größten gesundheitlichen Probleme mitgebracht hatte zur Anfangszeit nach der Entdeckung, das war der Weizen, angefangen vor etwa neun oder zehntausend Jahren. Der Prozess verlief schleichend wie alle Prozesse, die sich entwickeln und wobei man erst im Nachhinein die Spitze des Eisbergs entdeckt. Hier wurde erst nach vielen Jahren klar, dass es am Weizen liegt, dass diese ganzen Krankheiten und Zahn- und Zahnfleisch-Probleme daraus entstanden sind. Weil der Prozess vom Jäger und Sammler so schleichend zum Siedler überging, ist gar nichts aufgefallen und man konnte dies natürlich überhaupt nicht einordnen. Was aber bis jetzt nur das Resultat im Ernährungsbereich betrifft, das gesamte Ausmaß zur damaligen Zeit, zeigte sich nach und nach. Hierzu kamen dann die ganzen körperlichen Beschwerden und Probleme, denn der Körper der damaligen Homo sapiens war nicht geeignet für diese Arbeit – Rücken, Knie, Gelenke, es gab eigentlich kein Körperteil, das nicht in Mitleidenschaft gezogen wurde und die Leidenswege waren aufgrund dessen geboren. Die Niederlassung der Siedler, was auch länger dauerte, bis sie verharrten, machte aus den bisherigen Bewegungsmenschen, die nur aufrecht gingen und ständig am Jagen waren, zu vergleichsweise im Haus eingesperrten, sich mit schlechter Nahrung eindeckenden, mit Körperleid geplagten Geschöpfe. Das Weißbrot und auch andere Weißmehlprodukte sind meistens ein reines Suchtmittel mit zu wenig wirklich nützlichen Nährwert, es bringt nur Gaumengenuss, der uns aber auf Basis der Gesundheit fast nichts außer Schaden bringen kann, wenn man zu viel davon isst. Hier bedarf es eine gute, wie gesunde Balance zu finden. Das wesentlichste Problem dabei ist, dass meist ein enormer Überkonsum stattfindet bei diesen fast reinen Genussmitteln. Das eine oder andere kann in kleinen Mengen auch positive Effekte haben, jedoch für wirkungsvolle Energie-Zufuhr, gibt es auch andere bessere Quellen. Dies kann man aber für sich entdecken, da dies auch individuell ist. Alles wandelt sich erstmal in Zucker um, und bei diesen kurzkettigen Kohlenhydraten, entsteht meist ein Insulinschub (beispielsweise Pizza, Pasta, bekannterweise), der den Blutzucker in die Höhe schießen lässt und danach aber wieder schnell abfällt (hier entsteht die bekannte Müdigkeit nach dem Essen).

Unser Körper wie auch der Darm mit seinen Darmkulturen brauchen Zeit, sich auf eine neue Situation, eine gesunde Ernährung einzustellen. Bei Menschen, die bis zum heutigen Zeitpunkt sich nicht wirklich gesund ernährt hatten, bedarf es dessen, schrittweise eine ausgeglichene Bakterien-Vielfalt wieder anzusiedeln, ohne Druck, aber mit dem notwendigen Fokus, um so auch den Selbstheilungsprozess wieder aktivieren zu können. Und gleichermaßen muss der mentale Bereich sich darauf vollkommen einlassen, denn Kopf und Darm bedürfen einer intensiven Zusammenarbeit für eine gute Balance. Ansonsten wenn man eine Diät abrupt anfängt oder auch eine extreme Nahrungsumstellung von heute auf morgen wagt, dann ist ein Abbruch sehr wahrscheinlich, wie auch können sich Beschwerden daraus entwickeln, gesundheitlich, physisch wie mental. Lass dir Zeit, du bist Zeitmillionär, du hast 2 Jahre für dein Fundament und dann kannst du noch immer etwas dranhängen, du hast allen in deinem Umfeld gesagt, dass du 2 Jahre für dich nimmst, mach dir dies immer wieder klar und dazu dienen diese 2 Jahre, nur deinem Fundament. Nach 2 Jahren sind sowieso 2 Jahre vorbei, aber so werden es sehr erfolgreiche 2 Jahre sein.

Ich habe durch PPTT und die intensive Auseinandersetzung mit mir, meiner Zeit für mich als Zeitmillionär in Kombination mit Raum und Zeit, die optimale Lösung gesucht. Die Lösungen welche zu mir, meinem optimalen Verhältnis zu meinen Vorhaben, mit lebenslangem Lernen, die notwendige Zeit für den Job und meine Gesundheit stets im Mittelpunkt zu behalten, wie auch zu kombinieren, somit alles im Buch gleichzeitig anzugehen erleichtert hat. Genauso sollte es auch von jedem umgesetzt werden, um sein optimales Verhältnis für sich persönlich zu finden, somit sich den Generalschlüssel zunutze machen zu können.

Die Erholung und Entspannung tragen jederzeit das notwendige Gleichgewicht hierzu bei, sodass es zu keinem negativen Stress mehr kommen kann, keine Überlastung sich entwickelt, egal wie viel ich arbeite. Diese Klarheit und das optimale Verhältnis, wenig Zeitaufwand mit optimalem Resultat, haben mir gezeigt, dass ich auf dem richtigen Weg bin und mir nichts mehr in die Quere kommen kann, ich habe das optimale Verhältnis für mich gefunden und dies in einer gesunden Form, die auf Eustress (positiver Stress) Basis aufgebaut ist.

Erklärung für Raum und Zeit: Es geht hierbei um dich und was ist dein aktueller Ist-Zustand von dir, wie sieht dein Leben zurzeit aus, Gesundheit, Sport und oder Bewegung, was sagt dein nacktes Spiegelbild zu dir und deiner mentalen Verfassung. Dies sind Fragen und Planungsschritte, die du machen solltest für eine Langzeitrechnung, doch es geht noch weiter… Dann kommt der Raum, wo du dich drin bewegst, was du alles angehen willst, der besteht aus Gewicht und Fettanteil, deine derzeitige Ernährung und dein Wissen dazu, was willst du von nun an unternehmen bezüglich Ernährung und Sport, um eine Balance zu erschaffen. Danach kommt die Zeit, hier geht es um die Zeitrechnung, die realistisch betrachtet werden sollte und hier macht man beispielsweise eine Jahresrechnung … , im ersten Jahr nehme ich 5 kg ab, im zweiten 8 kg, im dritten, im vierten … Hier geschieht alles individuell, je nach Mensch und dem jeweiligen Ist-Zustand, wie auch Zwischenziele, die dir Gesundheit und ein wohltuendes Gefühl bringen werden, im Verlauf des Prozesses. Dieses Vorgehen kann auch dir helfen, ohne den gewohnheitsmäßigen Zeitdruck den sich die meisten machen, da bin ich überzeugt.

Warum essen die meisten Menschen tagtäglich zu viel, obwohl sie das Meiste eigentlich gar nicht benötigen. Es sind mehrere Faktoren, die hier zum Tragen kommen, erstens sind es die Gewohnheiten seit der Kindheit, dann ist es auch Unwissenheit. Es sind aber teils auch die großen Teller, die gegeben sind, die wir immer glauben füllen zu müssen, anhand unserer Gewohnheiten. Gleichermaßen sind es natürlich auch der Genuss und die Lust auf mehr, solange wir noch kein Sättigungsgefühl verspüren. Und währenddessen, mitten beim Essen, passiert ein fieser Effekt, das Insulin spielt uns einen Streich, denn durch die Nahrungszufuhr entzieht unser Organismus uns erst Zucker aus dem Blut, was passiert jetzt mit uns, in diesem Moment signalisiert uns unser Körper bereits wieder Hunger, obwohl wir gerade am Essen sind. Somit wird diese Verzögerung des Sättigungsgefühls uns obendrein ständig zum Verhängnis und wir essen zu viel, obwohl wir bereits genügend gegessen hätten.

Was meine körperlichen Bedürfnisse angeht, hatte ich früher 4–5-mal die Woche im Fitnesscenter verbracht, was auch okay war zu diesem Zeitpunkt. Diese Trainingseinheiten dauerten jeweils etwa 45 Minuten und auch dies war zu diesem Zeitpunkt okay, ich wusste es nicht besser, weil ich mich zu diesem Zeitpunkt auch intensiv mit meinem Körper auseinandergesetzt hatte. Dann zu Beginn von Passepartout war es uns nicht möglich ins Fitnesscenter zu gehen, da wir uns nicht in öffentlichen Räumen ohne Maske aufhalten durften oder sogar ohne Impfung nicht mehr ins GYM. Das war die Zeit, als ich das erste Mal mein Training auf Intervall, Hometraining und Mountainbike umgestellt habe.

Die Umstellung zum optimalen Training auf mich zugeschnitten kam dann nach etwa einem Jahr, im Dezember 21/ Januar 22. Da habe ich auf reines Intervall-Training (Hiit Training) umgestellt, was ich direkt von zuhause aus starten konnte, mich lediglich 10–20 Minuten jeweils kostete und die beste Investition für mich im Gesamten darstellt. Nicht nur körperlich und zeitlich, nein, es war eine Entscheidung, die für mein Ganzes wichtig war, alle Themen im Buch die ich durchlaufen habe und in jedem Bereich optimale Ergebnisse und gewinnbringend ist, auch für meine Gesundheit. Zu Beginn habe ich auch mit 3–5 Minuten gestartet, da ich auf mein Konditions-Level geachtet habe und meinem Alter entsprechend langsamer anfing. Jedoch ging es auch darum den Selbsttest zu machen, auf dem das Buch beruht, alles in diesem Buch habe ich durch meine eigenen Erfahrungen und Bestätigungen herausgefunden. Es braucht auch nicht unbedingt Sport, es sollte einfach genügend intensive wie engagierte Bewegung in den Tag integriert werden, wie Spaziergang.

Meine Umstellung auf reines Intervall-Training (Hiit Training, dies sind kurze Sprints mit anschließenden Erholungsphasen) und was ich in diesem Prozess mit steigendem Analysieren im Zusammenhang hinbekommen und bewirkt habe, ist die innere wie körperliche Gelassenheit. Ich hatte ziemlich schnell auf meinem 2-jähri-

gen Weg festgestellt, also im 2021, als ich damit angefangen hatte, wurde mir klar, ich werde von nun an alles dafür tun, um meine Ausführungen, mit Körperhaltung, Körperspannung und den Abläufen stetig zu analysieren, um die bestmögliche Voraussetzung zu schaffen, dass sich mein Körper weniger anstrengen muss, somit weniger Verspannungen entstehen und auch Müdigkeit danach so gut wie ausbleibt. Also in der Anfangsphase war meine Körperhaltung noch sehr ausbaufähig und die Anspannung war stets aktiv, da ich auch noch mehr Luft benötigte, also Sauerstoff in den Beinen wie in den Lungen. Durch das stetige Analysieren kam es dann später zu angespannt, entspannt, angespannt, entspannt, also im Wechsel, da meine Haltung wie die zur Verfügung stehende Luft stetig besser wurden, man bedenke, dass ich erst mit 5 Minuten Training angefangen hatte, dies stetig steigerte, bis ich in einem Bereich war ohne Druck dahin gelangt, dass ich die Zeit auf 20 Minuten hochgeschraubt hatte. Heute bin ich so weit, dass es nur noch Entspannung, Entspannung und Entspannung ist, dass ich meinen ganzen Körper auf das hin trainiert habe, in kleinen kontinuierlichen Schritten, ohne Zeiteinschränkung. Ich habe durch genügend Luft und den klaren Ablauf meiner Sprints, den Fokus voll auf Entspannen, ich konzentriere mich bildlich auf mein Stammhirn und den Vagusnerv, der die nötige Entspannung während des Sprints und auch danach gewährleistet. Auch durch den Fokus auf das Positive merkt man die Gelassenheit dahinter.

Man sollte die ganze Ernährung personalisieren, in die eigene Balance, eine eigene DNA sozusagen auf dich zu 100 % angepasst. Hier kannst du mit der Kommunikation und intensiven Auseinandersetzung mit deinem Körper in den 2 Jahren im gemütlichen Tempo bereits ein solides Fundament erreichen. Du kannst dann auch nochmals 2 Jahre dranhängen bei Bedarf, bis es deinen Vorstellungen entspricht und die Gesundheit stabil ist und zentralisiert, ohne Stress, aber konstant und kontinuierlich. Als Zeitmillionär wirst du dich mit allen Thematiken rundum das ganze Thema ohne mentale Einschränkungen durchziehen können, von den ganzen Darmprozessen, den wichtigen Nährwerten der Nahrungsmittel, dem Körper und deiner Anatomie, wie auch die Balance in dem ganzen Zusammenspiel, was eine Match-entscheidende (steht für den wich-

tigen wie entscheidenden Ausgang einer Sache, anhand bestimmter Handlungen und der geschenkten Beachtung dieser, hier vor allem für die Gesundheit physisch wie psychisch) Rolle dabei spielt. Zum Ausgleich gehört genauso etwas Süßes dazu, wie auch mal ein Glas Wein, wenn dies zu deinem Ernährungsplan gehörte bis anhin. Etwas Fettiges wie eine Wurst oder Pommes darf auch nicht fehlen, wenn es deins ist, denn das sind Gewohnheiten, auf die nicht zu 100 % verzichtet werden muss und nicht darf, für unser Wohlbefinden. Die entscheidende perfekte Balance mit Wohlfühl-Effekt ist genau so ein Puzzleteil deines besten ICH.

Wo alles steht und fällt, ist die Kommunikation zwischen Darmhirn und Kopfhirn, was bedeutet, wenn der Kopf, also das Mentale, in Ordnung ist, du dich wohlfühlst, rundum, auch deine Ernährung eine gute gesunde Basis hat, dann bleiben meist auch Darmprobleme und Tiefphasen bis hin zu Depression aus. Gleichermaßen nimmt auch das Darmhirn mit seiner Darmflora und seinen Bakterien-Ansiedlungen (Mikroorganismen) eine tragende und zentrale Rolle für unser Immunsystem. Mit den Verbindungen im vegetativen Nervensystem durch Vagusnerv dem Ruhenerv, der zum Parasympathikus gehört mit dem Sympathikus, dem Stressnerv, beeinflusst er genauso die Hirnfunktionen, somit sind es die mentalen Prozesse, die beeinflusst werden. Der nächste wichtige Punkt, dein nacktes Spiegelbild soll ein Wohlfühlen sein so gut wie nur möglich, je wohler, desto besser, denn sobald du vor dem Spiegel stehst, entsteht ab hier auch Dauerstress im Unterbewusstsein, falls du ständig unzufrieden bist, das trägst du über den ganzen Tag mit und womöglich nutzt du jeden Spiegel, um dir jedes Fettpolster im Spiegelbild anzuschauen und zu begutachten. Also je mehr du an dieser Veränderung arbeitest, desto freier und besser wirst du dich im Veränderungsprozess fühlen.

Die Ernährungsumstellung sollte nur auf der Basis lebenslanger Umstellung angegangen werden, alles andere bringt nichts, höchstens ständige Hoch- und Tiefphasen, was auch permanent Stress für Kopf und Herz bedeutet … Und wenn deine Methode bereits erfolgreich ist, dann brauchst du ja nichts zu unternehmen, jedoch bewegst du dich stetig in positive Richtung … ? Das ist die wichtige Frage dabei, die du dir immer wieder stellen musst.

Eine Gesamtheit auf der Basis von Klarheit, die über das Resetten kommt, auch in diesem Bereich, ist die Ausgangslage und wird dir das Durchhalten außerhalb deiner Komfortzone um ein Vielfaches erleichtern wie auch ermöglichen, falls du diesbezüglich bis anhin gescheitert bist. In Kombination mit den stetigen Erfolgserlebnissen in anderen Bereichen hast du den stetigen Aufwind, der dich mit positiven Emotionen vorantreibt. Darin liegt der wichtige und entscheidende Unterschied, denn wenn du dich nicht nur mit Sport und Ernährung befasst, dann ist das Risiko mit kleinen bis zu keinen Effekten oder Jo-Jo-Effekten in eine unnötige, Tief- oder depressive Phase zu fallen fast ausgeschlossen. Denn du hast alle anderen Bereiche, die du mit dem Buch in deiner Entwicklung angehst und in mehreren gibt es ständig kleinere oder größere Fortschritte und darin dementsprechend Erfolgserlebnisse, dazu bist du Zeitmillionär und hast keinen zeitlichen Druck, etwas schnell erreichen zu müssen. Du wirst früher oder später deinen Weg auch hier finden, wenn es nicht im ersten Anlauf gelingen sollte.

Es muss beim Essen erst ein Umdenken stattfinden, es kann bei der Umstellung nicht bei jedem Essen um Genuss gehen, das wissen bereits die meisten. Es wird eine Zeit brauchen, die man sich außerhalb der Komfortzone bewegen wird, jedoch wird das nicht so schlimm und intensiv, wie sich das vielleicht viele einreden, lass auch diese blockierenden Glaubenssätze los und tue es einfach, lege los… Es wird auf Langzeit-Denken ausgerichtet, aber es ist dafür schlussendlich eine Bereicherung in allen Bereichen, vor allem wird es deine Gesundheit auf eine bestmögliche Ausgangslage bringen, wenn du es zu 100 % durchziehst.

Die Basis der Ernährung sollte wie erwähnt im Gleichgewicht passieren, mit den Grundelementen von genügend Wasser, Aminosäuren, Vitaminen, Spurenelementen und Mineralien. Wie du diese zu dir nimmst, dass sie in der „richtigen Menge, ganz wichtig“ dem Körper zur Verfügung stehen, musst du halt noch herausfinden. Sobald du deinen Ernährungsplan zusammenstellst anhand deiner Ernährung und allenfalls natürliche Ergänzungsmittel dazu, dies wirst du durch die bis zum Buch noch nie vorhandenen 2 Jahre (als Zeitmillionär), genügend Zeit zum Analysieren nehmen können, somit alles nach und nach individuell für dich herausfinden. Denn wer Sport macht, braucht mehr Nährstoffe, das ist auch individuell. Es sind auch beim Finden deiner richtigen Ernährung auf dich nicht die einzelnen Nahrungsbereiche wichtig, sondern das Gesamte, die gesunde und ausgewogene Balance. So wie sich unsere Mikrobiome im Darm verändert haben auf Langzeit, müssen wir dem ganzen Organismus seine Zeit lassen sich wieder neu aufzubauen und zu besiedeln, wie Darm mit Kopfhirn ein annehmbares Tempo finden ohne Überbeanspruchung. Zuckerkonsum reduzieren und den Glykämischen Index (Zeigt, wie stark der Blutzuckerspiegel über kohlenhydrathaltige Lebensmittel ansteigt, wobei wir wieder beim Weißbrot sind mit einem Index von 60 und Baguette sogar 95, als Referenz gilt der Traubenzucker mit einem Index von 100) senken, somit kann man diesen Index langsam, aber konsequent und kontinuierlich reduzieren.

Körper Unzufriedenheit ist tiefgründiger, als viele denken und vor allem zugeben würden. Der Start mit PPTT und der langsamen Umstellung in kleinen, jedoch stetigen Prozessen, dem Ausarbeiten einer dauerhaften Ernährungsumstellung mit dem Fokus auf Gesundheit, wird dir auch helfen dies mit Erfolgen in mehreren Bereichen zu erleichtern, da die Umstellung schnell in mehreren Bereichen in Kombination positive Auswirkungen haben wird. Durch das stetige Analysieren während des Kennenlernens deines Körpers kannst du nach und nach besser einschätzen, was dir an Vitaminen, Spurenelementen, Aminosäuren oder was auch immer fehlt, die Symptome und Signale sind größtenteils gut zu lesen. So kannst du nach und nach eine bessere Balance aufbauen und deine Sensibilität aktivieren, womit du die Stabilität auch hier gewinnst.

Auch die Ernährungsgewohnheiten sind Gewohnheiten, wie es das Wort schon aussagt. Man kann auch diese nach und nach in einem angenehmen Tempo umstellen, in kleinen, aber stetigen kontinuierlichen Schritten ist dies, also die neuen Ernährungsgewohnheiten mit der nach und nach Umstellung der Ernährung, in 1, 2 oder 3 Jahren auch bei einem soliden und gesunden Fundament angekommen. Setze dich nicht wie wahnsinnig damit auseinander, sondern stetig, kontinuierlich und mit der inneren Sicherheit, sage zu dir selber: „Ich schaffe es, weil ich weiß, ich gebe nicht auf, bis ich dort angekommen bin.“ Es müssen keine Sprünge sein, es muss gar nichts, aber es sollte kontinuierlich auf Umstellung visualisiert werden, mit dem Fokus stets genügend (empfohlene Tagesdosen beachten) Wasser, Vitamine (kann auch individuell an Verträglichkeit angepasst werden), Spurenelemente, Mineralien und Aminosäuren als Grundelemente zu nutzen, wie bereits oben erwähnt. Setze dich mit den Nahrungsmitteln, die du zu dir nimmst, auseinander, vor allem wenn du ab und zu irgendwelche Beschwerden hast, wie Schmerzen oder anderes. Hierzu rate ich dir das Hörbuch von Thomas Frankenbach – Dein innerer Ernährungsberater anzuhören, denn das sind die besten Vorgehensweisen für jedermann/-frau. Es geht auch um das Zusammenspiel von Kopfhirn und Darmhirn, was enorm wichtig ist und viel Klarheit schaffen wird. Auch hier kannst du dir beispielsweise ein 3-Jahres-Zwischenziel setzen, bis dahin hast du den perfekten Ernährungsplan, mit der täglichen 5-minütigen Auseinandersetzung, beispielsweise. So wirst du auch wenig Zeit, jedoch Kontinuität hereinbringen und in aneinandergereihte Gewohnheiten von Woche zu Woche Fortschritte machen und durch die Kommunikation und das Hören auf Körper Symptome, wie auch Signale, zu deiner perfekten und gesunden Ernährung finden. Diesmal ohne Zeitdruck, aber mit dem brennenden Verlangen es in 3 Jahren geschafft zu haben. Die meisten Menschen essen auch zu viel, eigentlich reicht meist ein Drittel des Tellers, was man schöpft. Wir sind durcheinandergekommen durch die Hungersnöte und die Notwendigkeit in der Steinzeit immer genügend anzusammeln und gut gesättigt vom Tisch zu gehen, denn früher wusste man nicht, wann es das nächste Mal eine Mahlzeit gibt. Mach dir klar, solange du gesund bist und Geld verdienst auch dank deiner Gesundheit, wirst du immer genügend Essen auf dem Teller haben, das hast du selber in der Hand. Regeln von Nahrungsaufnahme wie Fast Food sollten von der Regel zur Ausnahme werden, dann kannst du sie auch richtig genießen, wenn du dir beispielsweise einmal im Monat oder alle zwei Monate McDonald's gönnst. Oder eben nicht mehr so, je reiner dein Körper wird, desto weniger Verlangen wirst du danach haben. Aber auch hier muss es individuell ablaufen, nach Alter, Fitness und Sport oder Aktivitätsniveaus. Da sollte auch die Kalorienzufuhr ausgerechnet werden, das kann variieren von Frauen 1500–1900 bei der Frau und 2000–3000 beim Mann. Und nimmt man hier noch

Aminosäuren Presslinge, die nach Studie nur 2 % Abfall enthalten, somit sehr schnell aufgenommen und 98 % der Aminosäuren Presslinge werden vollumfänglich dem Körper zur Verfügung gestellt, als Ergänzung, somit braucht es noch etwas weniger an Proteinen aus der Nahrung. (Empfehlung, Buch „Aminosäuren" von Brigitte Hamann) Hier findest du alle notwendigen Informationen über Aminosäuren und den Mangel, was viele negative Effekte mit sich bringen kann. Die meisten nehmen auch zu viele Proteine zu sich, diesen Fehler machte ich auch zuvor.

Lerne alles bewusst zu tun, egal was du tust, auch beim Essen, nehme dir Zeit und das Kauen sollte immer in eine breiige Masse gekaut werden. Das bedeutet, kaue so lange, bis es diese Konsistenz hat, das sind meistens um die 25–50-mal Kauen plus/minus. Konzentriere dich darauf und esse bewusst und genieße jeden Bissen, bis es flüssig ist. Bald ist auch dies Gewohnheit und du machst es in der Routine.

Notiere Ideen, die dir kommen, auch Verbesserungen oder positive Fortschritte, in dein Tagebuch oder Erfolgsjournal.

10.

Der Körper und seine Bedürfnisse

Den Körper zu verstehen in seiner Komplexität ist sicher nicht einfach, jedoch kann man sich heute ein gutes und solides Basiswissen über die ganze Anatomie aneignen, da wir heute alle Möglichkeiten haben. Durch eindeutige wie verständliche Erklärungen und dazu geniale Darstellungen, von Beschreibungen bis hin zu bildlichen Einblicken ins kleinste Detail, der Anatomie eines Menschen, gibt es dazu alles sogar noch in 3D-Optik, welche das Verstehen derer noch um ein vieles vereinfacht. Und wenn man sich dann bereits ein solides Fundament erarbeitet und mit seinem Körper kommunizieren gelernt hat, ist dieser ziemlich einfach in der Handhabung. Die beste Handhabung entsteht, wenn man die Gesundheit im Fokus behält und das daraus entstehende Gleichgewicht zwischen Kopf- und Darmhirn.

Ein Gleichgewicht zwischen dir, also dem Ist-Zustand, dem Raum, in dem du dich derzeit bewegst, und der Zeit, die du dir einrechnen und es schaffen willst, soll hier das erste Anliegen sein. Bedenke auch, ein großes Gehirn, wie wir das haben, braucht viel Energie und je mehr wir es belasten, desto mehr Energie, also je mehr negativer Stress dazukommt, desto ermüdender und auf Dauer schädlicher kann die negative Einwirkung auf uns werden. Wir können uns alles vereinfachen und richten, mit der richtigen Einstellung und Vorgehensweise, die entlastet. Also auch hier macht die Einstellung und das Fallenlassen in den Weg des PPTT, Sinn. Mit dem richtigen Loslassen gleichzeitig schaffst du dir mehr und mehr Raum wie auch Zeit. Wenn man sich die Gewohnheit aneignet, stetig alles zu lösen, loszulassen und zu entspannen, wieder und wieder, dies mit den für dich richtigen Methoden, die du annehmen kannst und umsetzen. Diese kann man immer wieder bei Gelegenheit einbauen, auch wenn es nur 10 Sekunden oder 30 Sekunden sind einige Male über den Tag verteilt, dann wird dein Körper ein ausgeglicheneres Wohlbefinden schnell spüren. Man kann sich stetig um die Ursachen kümmern und wenn man mal seine ganzen Bereiche durchforscht hat, demnach sich mit sich voll und ganz auseinanderzusetzen gelernt hat, ist es eine Gewohnheit und ein Leichtes wie wohltuendes Sein. Also in kleinen kontinuierlichen Schritten schafft man ein ausgeglichenes und natürliches Gleichgewicht.

Und wenn ich schon beim Thema Entspannung bin, den Nacken herunter vom Stammhirn ausgehend, verläuft der für den Körper sozusagen Schwertransporter, hier wirken tagtäglich die größten Lasten auf uns ein, was Anspannung und Stress angeht. Sicher etwa 80–90 % davon passiert, ohne dass wir es wirklich registrieren oder wahrnehmen, also völlig an uns vorbeigehen und da entsteht der bekannte Satz „die ganze Last auf den Schultern tragen". Nicht nur dort hat es Auswirkungen, sondern auf unseren ganzen Körper, überall treten immer wieder Verspannungen auf und vielen schenken wir gar keine Beachtung. Dies, also den Verspannungen Beachtung zu schenken, ist auch Kommunikation mit dem Körper und bedeutet zuzuhören, somit auf ihn eingehen. Weil wir nicht auf unseren Körper hören, rennen wir ständig zu Ärzten, Masseuren, Physiotherapie, Chiropraktiker, Akupunktur usw., um die Folgen so gut wie möglich wieder zu bearbeiten und auf ein normales Level zu bringen oder loszuwerden bestenfalls. Jedoch klappt dies größtenteils nicht so schnell wie gewünscht, es braucht mehrere Sitzungen und schlimmstenfalls wird man Dauergast, gut für die Therapeuten und Ärzte, schlecht für dich hinsichtlich der ständigen Beschwerden und der oftmals unnötigen Geldverschwendung. Auch hierzu, um sich frühzeitig solche Geschichten zu ersparen, sollte man diese kontinuierliche tägliche Selbstbehandlung starten, wie oben beschrieben, dies geht auch, ohne dass man Sport betreibt, denn die Anspannungen und der Stress kommen meistens nicht vom Sport.

Wir sind es uns gewohnt seit der Kindheit, also in meiner Generation war es einfach so, dass man seinen Teller leer gegessen hatte. Das bedeutete, man durfte nicht aufstehen, bis man fertig war mit dem Inhalt des Tellers, um groß und stark zu werden, wie uns von unseren Eltern gesagt wurde. Und damals war es auch noch ein großes Thema bezüglich der Hungersnot in der Welt, daher war auch dies ein weiterer Punkt, der genannt wurde, als Grund dieser Handlungsweise der Eltern. Dies war damals einfach so und es war auch ganz normal. Als Kind sah man das natürlich gar nicht so ... Ich gehe davon aus, das kam, weil die Kriegszeit und die Hungersnöte in Europa nicht allzu weit entfernt lagen, dieses Sicherheitsdenken führte dazu, dass man sogar immer größere Vorräte in der Vorratskammer deponierte, falls erneut ein Krieg ausbrechen würde. Mit dem ganzen Essen durfte man einfach nicht verschwenderisch umgehen, verständlicherweise. Heute ist es eher so, dass zu viel Nahrung im Umlauf ist, die einfach verschwenderisch weggeworfen wird, auch in Supermärkten, das ist bereits bekannt.

Wir nehmen aus Kriegszeit noch immer das Sammeln und Horten mit, wir sorgen weiterhin für Vorräte im Überfluss, die meist nicht benötigt würden, sodass zum Schluss vieles wieder entsorgt werden muss, weil es abgelaufen ist. Dieses Verhalten und diese tiefsitzende Gewohnheit sind uns erhalten geblieben, obwohl wir wissen, dass jederzeit ein Lebensmittelgeschäft zu finden ist, das geöffnet hat, vielleicht für maximal 7 Stunden nicht ... je nach Region. Auch essen 70 % der Menschen nach wie vor zu viel, meist viel zu viel und fragen sich ständig, wieso sie nicht abnehmen können oder eben warum sie ständig zunehmen.

Ein weiteres Problem ist, dass die meisten Menschen ihren Körper als Gebrauchsgegenstand nutzen und nur in schlimmeren Fällen etwas unternehmen oder ändern, wenn es meist zu spät ist oder man realisiert es im Krankenhaus. Hier und jetzt hast du noch die freiwillige Entscheidung selbstbestimmend etwas Vorbeugendes zu ändern und langfristig zu denken. Man hat ja schon einige Jahre hinter sich und sicherlich auch dem Körper den einen oder anderen Schaden bereits zugefügt durch unser kurzzeitiges Denkverhalten, das war auch bei mir der Fall. Auch hier muss man abschließen und loslassen, aber ab jetzt sofort das Bestmögliche für Körper, Geist und Seele tun. Dementsprechend kann man sicherlich gewisse Dinge nicht mehr zu einem komplett positiven Ergebnis oder Zustand verhelfen, jedoch verbessern kann man jeden Bereich noch mit der richtigen Änderung und Handhabung.

Ich habe extrem viel positive Veränderungen bei mir bewirken können, es sind seit Beginn von PPTT nur positive Veränderungen, also es funktioniert, weil es alles natürliche Grundlagen sind.

Um einen guten Rhythmus mit deinem Körper zu finden, in dem Prozess des Verstehens deines Körpers, kann es in Kombination mit Sport und Bewegung zu Momenten der Müdigkeit kommen. Ich habe wie bereits zuvor erwähnt angefangen mit Powernapping, 15–20 Minuten Kurzschlaf als Energieschub (es geht nicht darum Müdigkeit wegen Überlastung zu bekämpfen, es wird ausschließlich das Energie-Level wieder hochgefahren), je nach Tag, meinen Möglichkeiten und ob ich es brauche oder nicht, dies kann von vielen Dingen abhängig sein. Ich setze mich damit auseinander und finde es immer heraus. Körpersignale und Symptome kann ich einordnen, zwischenzeitlich sogar alle, es gibt nichts, wofür ich nicht die Ursache herausfinde. Jeder muss auch hier seinen Rhythmus finden, was ihm am besten zusagt und auf sich individuell abgestimmt ist, also in der Balance zu seinem Alltag steht. Doch wer es durchzieht, findet auch seinen Rhythmus und lernt sich mit seinem Körper in Harmonie und die daraus resultierende Klarheit zu erreichen.

Auch ich hatte bis zu meinem Start mit PPTT ständig Symptome und Körpersignale, die ich nicht wirklich einordnen konnte und mich verunsicherten oder Angst machten. Was machen viele von uns Menschen in diesen Situationen … ? Wir denken sofort über schlimme Dinge nach, wie beispielsweise, ist es ein Herzinfarkt oder Anfangsstadium von Krebs oder breche ich jetzt gleich zusammen und werde ohnmächtig, zu größten Teil völlig dramatisiert und panisch, obwohl es ziemlich sicher harmlos ist, aber auch das sind Gewohnheiten aus Unwissenheit heraus. Man kann sich einmal Sicherheit verschaffen im Jahr und alles durchchecken beim Arzt, falls man sich dann besser fühlt, jedoch die meisten werden es nicht mehr brauchen, wenn sie ihre gesamtheitliche Balance gefunden haben.

Dein Körper fängt an, sich auf alle positiven Veränderungen einzustellen, wie auch du dich beispielsweise an einem neuen Wohnort und ein neues Umfeld, auf alles nach und nach einstellst. Dein Körper wird ständig harmonischer wie auch gesünder in einer Balance. Du wirst im Verlauf der Umstellung feststellen, dass du deinen Körper immer besser verstehst und mit ihm lernst umzugehen, auch durch das Lernen mit dem Körper besser zu kommunizieren und auf ihn zu hören. Kommunikation mit deinem Körper heißt auch zuzuhören und auch Mal zu akzeptieren, falls etwas nicht so schnell geht, wie gedacht und unser Körper gewisse Dinge nicht mehr so hinbekommt wie zuvor. So beispielsweise beim Sport oder auch sonst alltägliche Abläufe, weil dein Körper auch älter wird, man kann nichts erzwingen. Je positiver du von innen heraus durch das Leben gehst, desto mehr Gesundheit wird sich in deinen Zellen und ab da auch ersichtlich im Aussehen einstellen.

Durch die erlangte körperliche Erneuerung über das stetige Auseinandersetzen mit sich selber, Behandlungen wie beispielsweise Selbstmassagen, Entspannungsübungen, Dehnen usw. erschafft man sich eine Grundlage, ein Grundwissen, das dich durch kleine, aber stetige Veränderungen spüren lässt (bedeutet dein Blickwinkel und die Vernetzungen in dir wachsen, wie wenn du Sinnbildlich immer eine Treppenstufe höher kommst und nach unten blickst und siehst das Gesamte was du schon alles an Fortschritten gemacht hast, dies verbindet sich und es entsteht eine Physisch/Mentale sensibilisierte Vernetzung, man spürt alles intensiver und lernt einzuordnen, man fühlt sich innerlich ständig freier), die du aus kleinen erst kurzzeitigen täglichen Gewohnheiten, zur Normalität gedeihen lassen hast. Man fängt an den Körper mit seinen Signalen und Symptomen zu verstehen und kann diese lokalisieren und eingrenzen. Meistens kann man diese mit der richtigen Methode selber wieder beheben und findet so auch die Ursache. Im Zusammenhang, dass du auch mit der Vernetzung deiner Gedanken und Selbstanalysen weißt, wie diese Ursache entstanden ist und zu dieser Wirkung wurde, wie z. B. Schmerz an einem Muskel.

Ab diesem Zeitpunkt wird dich nichts mehr richtig aus der Bahn werfen können oder aus deinem Fokus. Hektik wird hauptsächlich im Eustress passieren, lerne ruhig und besonnen die Momente zu leben und zu genießen, bewusst die Handlungen zu vollziehen. Symptome und Signale verstehen und sie lesen lernen, lerne auf deinen Körper zu hören und wahrzunehmen, denn er reagiert auf Ursachen. Anspannung hat biologisch den Vortritt gegenüber der Entspannung, genauso verhält es sich mit den negativen Gedanken, die haben auch Vortritt gegenüber den positiven Gedanken. Und genau dem verschaffen wir Abhilfe und werden dies für unsere Zukunft ändern, wir erschaffen uns die richtige und natürliche Balance, also wir holen sie uns zurück.

Die meisten körperlichen Symptome entstehen aus nicht tragischer Herkunft heraus, jedoch aus Unwissenheit denken wir meist an etwas Schlimmeres, es überkommt uns und wir geraten vielleicht sogar in Panik. Dann gibt es viele, die zum Arzt rennen und es stellt sich dann heraus, dass es etwas Harmloses ist oder schlimmer, es wird nichts Richtiges gefunden und die Abklärungen gehen weiter, bis hin zu einem Kardiologen, der das Herz überprüft mit EKG. Klar ist es auch mal nicht schlecht dies zu tun, jedoch war ich einer von denen und ich habe sehr viele Arztbesuche wahrgenommen, die nicht notwendig gewesen wären, jedoch aus Unwissenheit trieb es mich ständig in solche Situationen. Zum Schluss stellte sich heraus, es war psychosomatischer Herkunft, was bei sehr vielen heute der Fall ist.

Dank PPTT wird mir so etwas heute nicht mehr passieren, durch die intensive Auseinandersetzung mit meinem ganzen Körper und der Kommunikation mit mir, meiner Anatomie, meinem Kopf-Darmhirn bin ich sensibilisiert und kann dies vermeiden. Das sind enorme Kosten, die da eingespart werden können, somit sollte es auch aus diesem Aspekt an Wichtigkeit gewinnen.

Durch viele Arztbesuche, bei denen ich mich oft fragte, ob die überhaupt wissen, wonach sie suchen müssen, hatte ich dann aus gelesenen Büchern von Ärzten die Bestätigung erhalten, dass dies wirklich sehr oft der Fall ist, dass sie nicht wissen nach was zu suchen und sozusagen die Nadel im Heuhaufen gesucht wird. Heute ist das meines Wissens kein Geheimnis mehr, denn es gibt immer wieder neue Erkrankungen, vor allem psychosomatischer Herkunft, die mit der heutigen Stressgesellschaft einhergehen. Hier wird auch Abhilfe geschafft.

Früher hatte mein Körper und deren Ästhetik einer der höchsten Stellenwerte und ihm galt ein besonderer Fokus. Heute ist er nach wie vor wichtig, jedoch gilt ihm kein besonderer Fokus mehr, auch der Zeitaufwand ist minimal und auch nicht besonders intensiv, jedoch die Ergebnisse sind beinahe identisch, jedenfalls ganz meinen Vorstellungen entsprechend mit einer perfekten Ausgeglichenheit. Zuvor war mir mein Zeitaufwand nicht bewusst, jetzt, wo ich herausgefunden habe, dass ich mit wirklich minimalem Zeitaufwand ein maximales Ergebnis heraushole, was bedeutet 3 bis max. 4x die Woche, à 10 bis maximal. 20 Minuten pro Training. Somit bleibt mir noch mehr Zeit zum Lernen, für mein Buch und alle meine anderen Gewohnheiten und Routinen.

Finde die richtige Balance von den zum Teil tiefsitzenden Beschwerden, wie die Blockaden im Körper, die auch immer mit deinem Geist zusammenhängen, hier muss eine gute Balance geschaffen werden. Ich konnte beispielsweise sehr gut mit monatelangem Dehnen und Selbstmassagen die tiefsten Blockaden lösen, die zuvor einfach nie richtig wegzubringen waren. Um einen kontinuierlichen Blut- und Energiefluss stets zu gewährleisten und aufrechtzuerhalten, braucht es stetige Aktivität, Bewegung und Entspannung wie Dehnen, ganzheitliche Körperentspannung = progressive Muskelrelaxation (auch Kiefer bewusst entspannen) oder Yoga oder Gleiches, was die ganzen Blockaden lösen kann. Wenn man den ganzen Körper dehnt mithilfe von geführter Dehnung (Empfehlung Liebscher & Bracht), hier gibt es Kiefer- und Augen-Dehnungen, was sicher zu wenige praktizieren, dann kann man auch teils Müdigkeit loswerden. Gleichzeitig sehr viele kleinere, wie größere Schmerzen und Unwohlsein beseitigen, die vielleicht bereits länger anwesend sind. So wird sich ab diesem Zeitpunkt, bei kontinuierlichen Anwendungen, keine Müdigkeit mehr einstellen, die nicht mit einem Powernapping, dies ist nicht aufgrund von Müdigkeit gedacht, (es ist wie, wenn man eine Powerbank mit hoher Leistung am Handy anschließt, es ist schnell 60–80 % aufgeladen in kurzer Zeit) oder Meditation wieder ausgleichen wie beheben ließe. Diese Erfahrung konnte ich in diesen 2 Jahren mit Selbstversuchen herausfinden und es aufrechterhalten.

Die Wege, um Arztbesuche zu vermeiden und Massagen selbst zu tätigen wie auch psychologisch sich eine gesunde Balance zu schaffen, sind alles auch sehr große Geldersparnisse, die ich zuvor ausgab und mir keine Gedanken machte, denn ich wollte ja auch, dass es mir gut geht, dann gab man dieses Geld natürlich dafür aus. Hier kann man sich auch Klarheit diesbezüglich verschaffen. Kurzes progressives Entspannen im ganzen Körper durchgehend von Kopf bis Fuß, jedes innere Organ und Muskel fokussiert entspannen. Meditieren kann, wenn man es täglich in kurzen Sequenzen über den Tag verteilt einbaut, oder eben das progressive Entspannen, während des Autofahrens, in einem Wartezimmer, während eines Spazierganges, wie auch auf dem Sofa bei einem kurzen Abschalten integriert werden, egal wann und wo für ein paar Minuten als Kombination zum stressigen Alltag und wertvolle Ressourcen. Denn nicht die Dauer macht es aus, dies habe ich feststellen können, sondern die Balance zu finden und die findet man auch individuell, jeder wie es ihm am besten zusagt, dann ist entscheidend die Konstanz und Kontinuität zu gewährleisten und über die Tage, Wochen und Monate einen Rhythmus für sich zu finden … Auch genügend Schlaf ist wichtig, um hier eine gute Balance zu finden.

Halte dir mal vor Augen, wie viel wir ständig den Kopf nach unten halten, unbewusst, um auf unser Handy zu schauen und schlechte Körperhaltungen allgemein im Alltag, dies wird früher oder später ziemlich sicher gewisse Beschwerden mit sich bringen, ohne dem entgegenzuwirken. Am PC sind immerhin zwischenzeitlich gute Hilfen oder sogar Stehtische eine Variante dem entgegenzuwirken für den Rücken. Genauso wie wir dem Körper tagtäglich viel abverlangen und ihn stets diesen unnormalen Belastungen aussetzen, müssen wir dies wieder ausgleichen, um nicht irgendwann Folgeschäden daraus zu erleiden. Fange heute damit an den Ausgleich proaktiv anzugehen. Die sogenannte Last auf den Schultern: Im Schulter- und

Nackenbereich entstehen die meisten Verspannungen, tagtäglich ständig sind Belastungen und Anspannungen wie Stress, die darauf einwirken, diese sind mit täglichen leichten Massagen und Dehnungen relativ gut behandelbar. Sicher gibt es andere gute Lösungen, dies sind meine persönlichen erfolgreichen Erfahrungen damit. Am Morgen einen Spaziergang, über den Mittag oder am Abend, insgesamt etwa 30–40 Minuten am Tag Bewegung, vor allem wenn man m Büro arbeitet. Am Abend vor dem zu Bett gehen auch kurz 5–10 Minuten leichtes Dehnen, fördert die Entspannung für den Schlaf.

Lerne auch bewusst bei der Arbeit Pausen einzuplanen in deinem Erfolgsjournal, denn diese sind genauso wichtig für deine Effizienz wie deinen Fokus und Engagement für die Arbeit und deine Pläne sonst. Auszeiten bringen die nötige Balance und das Füllen des Energiespeichers, das bedeutet, du kannst definitiv mehr leisten mit den kurzen Auszeiten. Meditation oder ein Powernapping sind da sehr sinnvoll, falls das möglich ist bei dir. Ich habe es möglich gemacht, das kann auch eine Einstellungssache sein. Dies wird für dich, aber auch für deine Firma einen großen Mehrwert bringen, mehr, als wenn du dich durch den Tag kämpfst.

Auch ein Thema für sich, es heißt ja, das größte Organ des Menschen, die Haut, sei ein Spiegelbild deiner Seele. Dies konnte ich in dem ganzen Prozess meines Weges auch feststellen und erlangte viele Erkenntnisse, was mich selber betrifft, aber auch allgemein interessante Informationen und durch Selbsttest festigende AHA-Erlebnisse, die mich bestätigten, wie natürlich auch andere wertvolle Infos von Autoren. Wenn man lange genug analysiert und sich selber ständig Tests unterzieht nach und nach, findet man in der Regel, was das Beste für seine Haut ist und wie damit umzugehen ist, dass du mit minimalem Aufwand trotzdem die besten Ergebnisse erzielst. Erst wenn man allen Stellen vom Körper Beachtung schenkt, kann man eine gesamte innere Zufriedenheit erlangen.

Ich esse auch Salami, Käse, Pasta, Pommes frites, Würste aller Art, Schokolade und vieles mehr. Zwar in kleinen Mengen und mit der richtigen Balance über Wochen oder Monate verteilt sogar sehr gesund, da es meine Gelüste von 42 Jahren nach wie vor stillt, weil ich zuvor immer solche Dinge verschlungen hatte auf eine ungesunde Weise, daher kann ich und will ich nicht voll darauf verzichten.

Mit der für mich richtigen angeeigneten Balance in den 2 Jahren, mit der notwendigen Selbstkontrolle kann ich mir alles gönnen, was auf Dauer nicht schädlich sein wird und auch mein Spiegelbild durch das Training in der Balance bleibt, also Körper, Geist und Seele sind gesund. Damit kann ich überall die Extreme von Diät-Denken brechen und es entsteht eine gesunde Ausgewogenheit. Es ist alles individuell, denn jeder isst anders und die Verträglichkeit muss auch berücksichtigt und herausgefunden werden … Aber als Zeitmillionär und ohne Zeitdruck alles halb so wild, denn wir sind jetzt Langzeit-Denker und fokussieren uns auf langzeitliche Gesundheit.

(Empfehlung Bücher Dr. med. Christina Löber mit Hanna Grabbe „Immer der Nase nach“, Dr med. Yael Adler „Haut Nah“, Jochen Mulfinger „Ich kann, ich muss aber nicht – wie Sie Zeitmillionär werden“, Reinhard Haller „Das Wunder der Wertschätzung“)

Notiere Ideen, die dir kommen, auch Verbesserungen oder positive Fortschritte, in dein Tagebuch oder Erfolgsjournal.

11.

Kopf und Darmhirn und deren Kommunikation

Das Darmhirn (Gehirn der Seele, Energiezentrum des Körpers) ist das, was es seit Anbeginn der Zeit war und von dem alles entstanden ist, Millionen von Jahren bevor wir Menschen überhaupt in der Lage waren richtig zu denken und Dinge zu planen oder zu verknüpfen. Auch wenn das dem einen oder anderen vielleicht bewusst wird, während sie das lesen oder bereits davon gehört haben, wird es in vielen Lebenssituationen nicht berücksichtigt, wie auch die meisten damit nichts weiter anfangen können. Die Darmhirn- und Kopfhirn-Kommunikation ist die Kommunikation, die sehr vielen Menschen fehlt, um ein gesundes und ausgeglichenes Leben zu führen. Aus Unwissenheit oder, schlimmer, aus Ignoranz können Essstörungen, Diabetes, Depressionen, Herzkrankheiten und noch viele tausend Probleme mehr entstehen. Heutzutage sind es überwiegend psychische Probleme, Symptome, die wir falsch einordnen und nicht behandeln, die dann durch Nicht-Behandlung aus Unwissenheit und Fehldiagnosen, auch zu Krankheitsbildern führen. Es war auch eine teils Ignoranz meinerseits vorhanden, obwohl ich mich oder eben, weil ich mich auch sehr lange bereits mit Ernährung auseinandersetzte und für mich persönlich sehr erfolgreich verlief, dachte ich, es reicht, wie es ist. Ich befand mich in diesem funktionierenden Strudel, der aber mit mehr Offenheit noch in vielerlei Hinsicht optimiert werden konnte. Alles ist in ständiger Bewegung und wir sollten uns dem anpassen, denn das ist die Natur in uns.

Ich habe mich zwischenzeitlich über 2 Jahren über Selbsttests, wie auch vielen Vorkenntnissen und den während diesen Selbsttests gekauften Büchern von den Autoren Prof. Dr. Gregor Hasler mit seinem Werk „Die Darm-Hirn Connection“ und von Thomas Frankenbach „Dein innerer Ernährungsberater", die alle meine Selbsterkenntnisse zusammen in Kombination bestätigen können, und noch einiges darüber hinaus konnte ich mir auch noch mehr innere Stärke durch neue Erkenntnisse aneignen. Diese Werke würde ich empfehlen zu verschlingen, wieder und wieder zu hören oder zu lesen, denn hier trennt sich die Spreu vom Weizen, was die Bereiche der Ernährung und mentalen Probleme angeht. Nur mit intensiver Auseinandersetzung und Selbsttests von deiner Seite befriedigst du deine Bedürfnisse. Als Zeitmillionär hast du alle Zeit dafür, mach dir das ständig wieder bewusst.

Gesundheit ist immer der natürliche Normalzustand, Krankheit wie beispielsweise Erkältungen und Grippen sind Ausnahmezustände, die größtenteils von fehlenden Abwehrkräften des Immunsystems ausgelöst werden, zu wenig Vitamine, Mineralien oder Spurenelemente kann eine Variante sein, die aber auch in einem Prozess entsteht und in der Kombination von eventuell zu hohem Distress (Negativstress), zu wenig Schlaf, Übermüdung insgesamt. Es entsteht eine Dysbalance und in so einer Kombination auf einen Krankheitserreger zu stoßen, schlechte Darmbakterien oder Viren, können auch schnell zu einem Krankheitsbild führen. Durch meine Selbstanalysen diesbezüglich seit mehreren Jahren, konnte ich dies feststellen, dass ich erst in solchen Situationen, durch einen Erkälteten Mitmenschen angesteckt wurde, als ich eine körperlich schwächere Phase hatte in den oben erwähnten Verkettungen, gewissen Kombinationen,

Denn „alle Krankheiten beginnen im Darm", sagte einst bereits Hippokrates.

Ich habe mein ganzes Leben bis zum PPTT ständig wieder mit solchen Situationen zu kämpfen gehabt. Erst jetzt, wo ich eine gesamte Balance, in Kombination mit der Kommunikation von meinem Innen und meinem Körper habe, wie auch die Haut ein Spiegelbild der Seele ist (auch Kommunikation), welche sich bei mir zwischenzeitlich sehr ins Positive gewandelt hat, bleiben Krankheiten aus. Hierzu zählt genauso die Darmhirn- und Kopfhirn-Zusammenarbeit, wie eine Einheit, so bleiben diese extremen Schwankungen aus. Es gibt keine Krankheit mehr, seit nun fast 2 Jahren, auch weil die Seele Ruhe gefunden hat. Es gibt keine depressiven oder Tiefphasen, die lange anhalten, maximal eine Stunde etwa. Durch die Ausgeglichenheit konnte ich solche Phasen auf ein Minimum reduzieren. Die einzigen Situationen, die entstehen können, werden vom Außen bewirkt, worin ich mich kurzzeitig besinnen muss, so dass nach einer kurzen Phase ich mich wieder gefangen habe. Die Selbstheilung und Erkenntnisse sind ständig aktiv und sehr effizient.

Das Vegetative Nervensystem mit dem Sympathikus und dem Parasympathikus, dem Vagusnerv, der zum Parasympathikus gehört, spielt eine entscheidende Rolle im ganzen Prozess. Setze dich mit Büchern aus meinen Empfehlungen auseinander, dann wirst du sehr schnell verstehen, warum diese so entscheidend sind (hierzu braucht es ausführlichere Erklärungen). Denn wir bewegen uns in dieser Stressgesellschaft immer mehr in Stresskrankheiten, wovon wir wieder eine harmonische Balance schaffen müssen, um auch dem entgegenzuwirken. Dies, also die Stresskrankheiten sind auch Teile der Verbindung zwischen Darmhirn und Kopfhirn, hier können diese entstehen. Dabei noch nicht so bekannt ist die Zirbeldrüse, die für die Schlafhormone Melatonin und Serotonin zuständig ist, die übernimmt im Ganzen auch eine wichtige wie entscheidende Rolle, mitunter für den Schlaf. (Empfehlung Buch „Geheimnisvolle Zirbeldrüse" von Brigitte Hamann)

Der goldene Weg von PPTT sorgt dafür, dass wieder ein natürliches Gleichgewicht wie auch Zusammenspiel von Darm- und Kopfhirn stattfinden kann. Die Darmbakterien-Kulturen können sich wieder erholen und sich zu wohltuenden Kulturen bilden. Durch die richtige Ernährung und Bewegung wird hier ein harmonisches Zusammenspiel entstehen.

Auch hier musst du dir ständig wieder klarmachen, dass du alle Zeit hast und nichts von heute auf morgen geschehen muss. Der eine Prozess dauert vielleicht etwas länger als 2 Jahre, jedoch sind 2 Jahre Zeit NUR für dich, bereits sehr viel Zeit, wie du feststellen wirst, im Gegensatz zur vorherigen Zeitdruck-Gesellschaft, in der man sich bewegt.

(Empfehlung Bücher Alessio Rammer „Stimulieren Sie Ihren Vagus Nerv" Prof. Dr. Gregor Hasler „Die Darm-Hirn Connection", Dr. med. Heike Buess-Kovacs „Der Vagusnerv")

Notiere Ideen, die dir kommen, auch Verbesserungen oder positive Fortschritte, in dein Tagebuch oder Erfolgsjournal.

12.

Deine finanzielle Sicherheit und Freiheit

Dies ist eines der wichtigsten Themen, wenn man sich eine innerliche Balance schaffen will in der heutigen Zeit. Denn auch wenn man sich dafür entscheidet bescheiden zu leben, fehlt es einem an allen Ecken und Kanten an finanziellen Mitteln. Alles wird ständig teurer und die Inflation trägt auch seinen Beitrag. Die Sicherheit für die Rente kann man sich auch abschreiben, es bleibt nichts mehr Richtiges zum Leben und Genießen, lediglich wenn es gut kommt, vielleicht gerade so zum Überleben, da hat unsere Politik dafür gesorgt. Also wer heutzutage ein angenehmes wie auch finanziell sorgenfreieres Leben haben will, muss sich mehr als ein gutes finanzielles Polster ansammeln. Jedoch muss dies auf der Basis der heutigen Zeit, mit einem durchdachten Plan und Strategie passieren. Dazu sollst du auch Geld für jetzt haben für deinen Spaß, der sich natürlich auf ein Minimum beschränken sollte. (Dazu empfehle ich das Kontenprinzip von Bodo Schäfer.)

Auch ich war zuvor einer, der jeden Tag irgendetwas gefunden hatte, wo ich mein Geld ausgeben konnte oder sogar Geld ausgab, das ich noch nicht mal verdient hatte. Die finanziellen Mittel und Ausgaben stiegen gleichermaßen oder noch höher mit den Lohnerhöhungen oder den neuen Stellen mit dem höheren Gehalt. Das war stetig eine instabile Brücke, wie eine Hängebrücke, die mal nach rechts und mal nach links kippte, völlig unkontrolliert, da ich meine Finanzen nie wirklich unter Kontrolle hatte. Ich belog mich selber, da ich ja immer im Notfall zu einem Kredit greifen konnte, falls ich es wollte, das war so eine erweiterte innere Sicherheit. Diese ewige Spirale wäre so weiter verlaufen, wäre nicht die Erkenntnis des Weges des Passepartout gekommen.

Die finanzielle Unsicherheit steigt mit den Kosten, keine Rente mehr zum Überleben. Arbeiten bis 70 oder sogar 80 Jahre … Oder sogar arbeiten, bis man tot zusammenbricht, sind das die Vorstellungen, soll es so enden?

Wir haben hier und jetzt die besten Möglichkeiten aus der Unsicherheit auszubrechen und unser Leben wirklich in die Hand zu nehmen und uns unabhängig zu machen. Tu es mit Hilfe von PPTT und der ganzen Bücher über finanziellen Aufbau und Sicherheit, die dir bis jetzt bereits ein gutes Gefühl gegeben haben oder finde die richtigen für dich, denn genau mit dieser Kombination kannst du dies jetzt erfolgreich angehen. Mach es Schritt für Schritt und dein Wachstum wird dir Sicherheit und Stabilität bringen.

Die meisten Menschen befinden sich ständig in einem großen Problemkarussell. Die Gedanken drehen sich entweder um finanzielle Dinge oder zeitliche (Zeitmangel) wie zwischenmenschliche Themen. Wenn mal solche Negativspiralen entstehen, können diese zum Hauptbestandteil des Tages werden. Um dem entgegenzuwirken, sind die Handlungen dazu sehr oft so ausgerichtet, indem man sich etwas kauft, um sich etwas zu gönnen, was einen aufgrund Materieller Dinge wie Kleidung aufstellt, und Glücksgefühle entstehen. Jedoch ist dies nur von kurzer Dauer und da spielt es auch keine Rolle, was es ist, materielle Dinge können einen nicht auf Dauer glücklich machen. Innerhalb kurz bis mittelfristig ist das Gekaufte auch zu einer Gewohnheit und Normalität geworden und es benötigt Nachschub an dieser Art „Glücklichmacher".

Wir müssen diese destruktiven Emotionen in den Griff bekommen, um uns da eine solide Basis zu erarbeiten, dann wird es sich auf Dauer in die positive Richtung bewegen und man kann dann auch die gekauften Dinge mehr genießen. Denn ab da ist es nicht mehr nur auf den Moment ausgerichtet, sondern es entsteht ein Fluss der positiven Gedankenspirale. Auch hier ist das Innen, in Kombination mit den Emotionen, entscheidend. Denn wen man dies unter Kontrolle bringen möchte, muss man sich erst einen klaren Überblick verschaffen über seine gesamten Finanzen.

Ich dachte früher auch, dass ich meine Finanzen unter Kontrolle habe, weil ich den Monat so weit gut überstanden hatte und es so weit in den Griff bekommen habe, dass ich sogar noch Geld übrig hatte auf dem Konto. Aber auf welcher Basis hat dies stattgefunden? Ich hatte Kredite offen und ich wusste, wenn es mal nötig ist, dann kann ich den Kredit wieder erhöhen und somit hatte ich ja immer Geld. Denn so wie ich meinen Kredit abbezahlt hatte, hatte ich ja eine gute Bonität, somit kein Problem immer an Geld zu kommen. Ich hatte ein gutes Auto und eine Wohnung, konnte am Wochenende in den Ausgang (steht in der Schweiz für Ausgehen) und Party machen lag auch drin finanziell. Urlaub musste ich mir zwar zusammensparen und die letzten Rappen zusammenkratzen, jedoch konnte ich mir auch dies gerade so noch leisten. (Denn was man will, kann man auch erreichen.) Erspartes, Fehlanzeige ... Keinen Überblick über meine Gesamtschulden, wobei auch versteckte Kosten dazugehören. Wenn man sich einmal den Gesamtüberblick verschafft, dann fällt den meisten, denke ich, die Kinnladen runter. Jedoch der erste Schritt ist die Erkenntnis und Klarheit über die Ausgangslage, mit der man anfangen will aufzuarbeiten. Wir sind Gewohnheitstiere und mit dem richtigen Vorgehen können wir uns aus diesem Negativstrudel befreien. Also das Unterbewusstsein in Kombination von Gewohnheiten ist auch hier entscheidend. Wie die Welt, die ich mir erschaffen hatte, die Selbstlüge, dass man sein Leben im Griff hat, weil man gerade so durch den Monat kommt, obwohl man im Hintergrund hoch verschuldet ist oder sich einfach sonst nichts leisten kann, weil man „zu wenig" verdient. Alles einengend und selbsterklärend, oder?

Das Leben sollte sich um stetige Entwicklung drehen wie auch stetige erneute Optimierung bestenfalls. Wenn du dein Innen optimieren lernst und umsetzt, dann folgt dein Außen automatisch hinterher, auch dein Wert und die Glaubwürdigkeit wachsen stetig mit.

Ich habe innerhalb nur eines Jahres auf dem Weg des PPTT, meine ganzen Finanzen stabilisiert und wie gewollt in Verbindung mit Zwischenzielsetzung in ein enormes Plus gebracht.

Dazu eine angestrebte Lohnerhöhung erarbeitet, weil mein Wert mit meiner Leistung gestiegen ist.

Je mehr man für das Außen in der Arbeit tut „sich den Arschaufreißt“, nach deinen Pflichten deiner Aufgabe gegenüber, auch mal öfter mehr Stunden investiert, ohne Gegenleistung zu erwarten, desto mehr kommt auch vom Markt zurück. Denn du wirst immer nach deinem Marktwert bezahlt.

Dazu kann auch das Geben-Prinzip hier eingebracht werden, die 10 % Spenden vom Monatsgehalt, da kommt immer irgendwann mehr zurück, genauso ist das Zeitinvestment, das wird irgendwann vom Markt vergütet. Das sind Naturgesetze, die schon immer funktioniert haben.

An finanziellen Problemen bleiben die meisten ständig über das ganze Leben verteilt, immer wieder hängen. Fehlendes Geld und die daraus fehlende mentale positive Einstellung, wie auch Selbstvertrauen und keinen Ausweg in Sicht. Auch ich war bis 2020 genau in dieser ewigen Spirale gefangen, von Schulden geprägt. Von Kredit zu Kredit, um mir leisten zu können, was mir vorschwebte, um nach außen stets das darzustellen, was ich im Innen so gerne gewesen wäre, finanziell stabil und frei. Jedoch war dies stets eine Selbstlüge, in der ich mich ständig in meiner Komfortzone bewegte.

Wir versuchen fortwährend im Lotto zu gewinnen, was fast aussichtslos ist und statt sein Leben in die Hände zu nehmen, ist man ständig nur auf der Suche nach dem schnellen Geld. Klar, ich kannte den Ausweg genauso wenig bis zu meiner Erkenntnis und dem Generalschlüssel für alle bis dahin mir verborgenen Türen. Ich begab mich durch meine Selbstlügen, die auf lange Sicht selbstzerstörerische Lebenseinstellung und die mentalen Blockaden, wie auch finanziellen Schuldenberge ständig tiefer in die Schuldenfalle.

Und jetzt, innerhalb von nur 1 Jahr auf meinem goldenen Weg des Passepartout, war ich bereits fast schuldenfrei und auf dem Konto verzeichnete sich bereits ein solides Plus. Wow, was für ein geniales Jahr, dachte ich mir und das nur, weil ich den richtigen Weg erkannt habe und die gelesenen Bücher anhand der Anwendung des PPTT richtig aufnehmen, damit arbeiten und sie umsetzen konnte. Hey und das war gerade mal ein Jahr von den 2 Jahren. Jeden einzelnen Bereich meines Lebens, meiner gesetzten Zwischenziele, dem Weg zu meinem besten ICH, es läuft und funktioniert.

Was ich aber sagen muss dazu, ich hatte natürlich bereits einen Job, der mir gefällt und bei dem ich mich richtig entfalten konnte. Jedoch spielt es eigentlich keine Rolle, was genau die Arbeit ist, die man ausübt, nur es soll ein Job sein, den du gerne machst, an jedem einzelnen Tag und bei dem auch Überstunden kein Problem darstellen, weil es keine Rolle spielt, denn es fließt ineinander, du freust dich auf die Arbeit gleichermaßen wie auf Freizeit.

Glück und Unglück, wie Ursache und Wirkung, sind wie stetig präsente, stabile und instabile Brücken unseres Lebens ... Jedoch entscheidend ist, worauf wir die größere Aufmerksamkeit richten.

Wir fahren mit hoher Geschwindigkeit mit dem Schnellzug auf extreme Krisenzeiten zu. Es ist an der Zeit, sich ein finanzielles Polster anzuschaffen. Die Inflation und Energiekrise werden sehr einschneidend sein, man kann diese für sich etwas abfangen, indem wir umdenken. Der verspottete Kapitalismus ist auch ein immer wichtigeres und ernst zu nehmendes Thema, denn ohne Geld geht heute nichts mehr, da kann man sich sträuben, wie man will, wer eine gesamte Balance will, der braucht auch genügend Geld. Das Gerede, ich brauche kein Geld, um glücklich zu sein ... Nein, das stimmt, dass du das Geld nicht brauchst um glücklich zu sein, aber du brauchst genügend Geld, um nicht unglücklich zu sein.

Mit dem richtigen Job und deinen Leistungen kannst du deinen Marktwert bestimmen. Dies wird dir mit dem Arbeiten an dir mit Hilfe des PPTT immer einfacher fallen und dein Marktwert wird mit der Entwicklung von dir auch im Job wachsen.

Lebe nicht mehr nur für den Moment, lebe für die Zukunft, lerne den jetzigen Moment zwar zu genießen, aber lerne es, ohne Geld zu tun. Lerne mit dem Minimum an Ausgaben zu leben und du wirst jeden Rappen schätzen lernen. Lerne die kleinen Dinge zu priorisieren, dann werden die seltenen großen umso größer wirken und sich dementsprechend anfühlen. So lernst du dich an den kleinen Dingen zu erfreuen und wirst gedanklich satt genug und wenn du dir dann später mal etwas leisten möchtest, sobald du dir ein gewisses Polster angespart hast, dann brauchst du da nicht mehr jeden Franken umzudrehen und zu überlegen, ob du diesen ausgeben kannst. Anschließend kannst du diese Momente und Ausgaben bewusst genießen, weil du dies zwischenzeitlich mit einem guten Bezug zum Geld, einem soliden Kontostand, einer laufenden Maschinerie mit dem richtigen Job und deinem Kontensystem, wie auch die nötige Balance hast. Diese Erfahrungen sind die schönsten in den Phasen der Entwicklung, denn dieses Gefühl hattest du noch nie zuvor, diese Erfahrung hatte mir persönlich nochmals einen enormen Schub an Selbstvertrauen gegeben. Ich wusste ab diesem Zeitpunkt, ich brauche eigentlich nichts, aber ich kann mir alles leisten, was ich will, jedoch bin ich ja auch nicht verschwenderisch und sehr achtsam mit den Ausgaben, nicht weil ich geizig geworden bin, sondern weil ich vernünftig und bewusst angefangen habe das Geld zu schätzen und zu nutzen. Dankbarkeit und Zufriedenheit werden sich einstellen.

(Empfehlung Bücher Bodo Schäfer „Der Weg zur finanziellen Freiheit“, T. Harv Eker „So denken Millionäre“) Hier soll man sich nicht vom Titel abschrecken lassen, es muss niemand Millionär werden, es geht um den Umgang mit den Finanzen überhaupt, den Rest kann man ja selber entscheiden, wie viel man haben möchte.

Auch wenn man ins Fitnessstudio geht und Gewichte stemmt, kann man das Gewicht wie auch die Intensität auswählen, es bilden sich nicht sofort Muskeln, aber es gibt ein gutes und vitales Gefühl.

Beispiele, was bei mir sehr geholfen hat, das Bewusstsein für Geld zu entwickeln

Ich habe ganz am Anfang begonnen meine Konten nach dem Kontensystem von Bodo Schäfer einzurichten, dazu hatte ich angefangen jede einzelne Quittung aufzuheben, auch wenn es nur 1.- Schweizer Franken war oder 50 Rappen. Ich verschaffte mir dann jeweils am Ende des Monats einen Gesamtüberblick, der mir eine große Hilfe, aber nicht die größte Hilfe dabei war. Die größte Hilfe dabei war das Bewusstsein, das sich entwickelte, nicht den Geiz, sondern das Geld bewusst einzusetzen und mir jedes Mal Gedanken zu machen, ob das sein muss oder ob es einfach die schlechte Gewohnheit ist und ich dies jetzt überhaupt benötige. So hatte ich innerhalb von drei Monaten ein Geldbewusstsein geschaffen, was ich sonst nie gehabt hätte und ich habe diese positive Gewohnheit verinnerlicht und sie greift jetzt von selbst. Ich besinne mich auch ständig wieder darauf, dass sich dies nicht zu Geiz entwickelt, jedoch bin ich mir dessen sicher, dass dies nicht passieren wird. Dies werde ich zum richtigen Zeitpunkt, über mein erwähntes Warum im Buch, nach Außen an die Öffentlichkeit preisgeben. Es ist auch heute noch aktiv, mehr als zuvor, wo es mir geldmäßig bereits ziemlich gut geht und ich mir eigentlich einiges mehr leisten könnte. Jedoch dieses Bewusstsein des Geldes in Kombination mit dem „ich kann aber ich muss nicht" und des Wachstums in allen Kontenbereichen, die ich aufgebaut habe, beflügelt einen ungemein. Dies ist nur eine Methode, die funktioniert, jeder muss seine eigenen Varianten herausfinden, die zu dir passen.

Genauso wie man sich Geldausgaben ersparen kann, indem man Arztbesuche, Massage Besuche, wie sicherlich auch andere Besuche, die ins Geld gehen, einsparen kann, kann man sich auch mit der Auseinandersetzung seiner ganzen Ausgaben bewusstwerden und sich einen Gesamtüberblick verschaffen, wie Handy-Vertrag, kann ich da etwas einsparen, brauche ich alle Verträge wirklich, die ich gerade am Laufen habe? Hier auch eine Auflistung machen und alles kündigen, was nicht zwingend notwendig ist. Entledige dich aller Ausgaben, die nicht wirklich sein müssen... Auch ich habe mein Fitness-Abo gekündigt, weil ich es gar nicht benötige. Ich werde alle unnötigen Mehrkosten los, denn auch das ist Ballast. Fange auch an deine Kleider auszumisten und alles loszuwerden, was du nicht mehr anziehst. Kaufe von nun an nur noch Kleidung, die du wirklich brauchst, die etwas Altes ersetzen soll, was du 1:1 austauschen kannst.

Verschaffe dir einen Gesamtüberblick über deine Finanzen, Schulden, Verbindlichkeiten, wie Verträge usw. einfach alles, was mit Geld verbunden ist. Sobald du alles aufgelistet und du dir einen Gesamtüberblick verschafft hast, geht es an die Optimierung in allen Bereichen, was bedeutet: Bei den Schulden, mit den Gläubigern einen

Mindestbetrag für die monatliche Abzahlung vereinbaren, so tief wie nur möglich. Verträge und Verbindlichkeiten, da machst du dir Gedanken, was brauche ich wirklich oder ist es nicht unbedingt notwendig alles zu haben und zu nutzen von denen? Dann alles kündigen, was du erstens nicht brauchst und zweitens dir Kosten einspart, also kann auch Vergünstigung sein, den Vertrag optimieren, Hauptsache, es ist überall das Optimale erreicht. Deine Kontoauszüge der letzten Monate ausdrucken und analysieren, schauen, wo du das meiste Geld ausgegeben hast. Dann einen Zeitplan erstellen, welche Schulden du mit dieser Tilgung wann abbezahlt hast, wenn du dir hier überall ein Optimum und Überblick erarbeitet hast, kannst du Konten einrichten nach dem Kontosystem und schaue, was dann die Fixkosten monatlich sind und teile den Rest, was dir am Ende des Monats bleibt, auf die Konten in den richtigen Prozenten auf. Dann wenn du mehr verdienen solltest, also Lohnerhöhung oder anderer Job, dann am besten immer direkt nutzen und 50–70 % davon die Konten füllen, welches durch positive Anziehung über unseren Glauben noch mehr Geld anziehen wird. Auch Kreditkarten sind ein wichtiges Thema, braucht man diese wirklich … ?

Notiere Ideen, die dir kommen, auch Verbesserungen oder positive Fortschritte, in dein Tagebuch oder Erfolgsjournal.

13.

Analysieren und abrufen

Durch stetiges Analysieren wie auch das ständige aufs Neue Lesen von Büchern kann man die Vernetzungen und Synapsen zum Funken bringen. Ich nenne das auch gerne das Sieben von Büchern, so dass alles nach und nach rausgefiltert wird, wir es verstehen lernen und somit alles irgendwann einordnen können (Das Buch und dessen gesamten Inhalt mental, wie auch alle Aussagen, was der Autor damit ausdrückt auf seine Art). Hier kann man auch die „Sokratische Methode" anwenden, bei der es ja genau um das geht, sich selbst kennenlernen und seine Seele, während des Prozesses des Loslassens, je reiner wir werden, desto mehr erkennen wir uns wieder darin. Wir finden auch heraus, wie wir denken, wir können selbst die Vorgehensweisen in Frage stellen und ändern oder loslassen. Somit lernen wir uns immer besser kennen. Das Gleiche gilt für den Körper, den kann man genauso im Detail kennenlernen, um mit diesem eine Kommunikation zu führen und ihn lesen zu lernen.

Wir sollten Menschen um uns herum nicht zu schnell beurteilen oder verurteilen. Wir sollten versuchen ihre Aktionen, Handlungen, wie auch Reaktionen zu verstehen. Denn da erkennen wir uns dann oft auch selber darin. Je befreiter wir in uns drin sind, desto offener und weiser werden wir dem Außen gegenüber. Durch stetiges Auseinandersetzen mit Menschen und Situationen lernen wir mit diesen Situationen ruhig und bedacht umzugehen. Jeder neue Stand lässt dich von Mal zu Mal intuitivere, schnellere und richtige Entscheidungen treffen.

Beim Treffen auf einen anderen Menschen hat man etwa 3–8 Sekunden Aufmerksamkeit, um jemanden von unserem Thema zu überzeugen, und etwa 30 Sekunden, bis das Gegenüber uns beurteilt und einordnet durch das unbewusste Analysieren seinerseits uns gegenüber. Dies ist menschlich und ganz normal, wir stufen diesen Menschen erst ein und beginnen von da an die Bestätigungen für unsere Einschätzung des Gegenübers zu finden. Das ist dasselbe, was wir bei uns selber tun, was wir bereits seit Kindheit mitgenommen haben und wir von unseren Mitmenschen lernen.

Eingeschränktes Denken und das darin eingeengte Spektrum, der fehlende Weitblick in die Welt und seine Schätze, das, was man bereits in sich trägt, sind enorm und kommen einem Gefängnis gleich, an eine für mich leichtfertige Selbstsabotage, denn dies war bei mir genauso. Wir haben die größten Reichtümer in uns, sobald wir weltoffen werden und unsere inneren Reichtümer mit der Außenwelt vereinigen und uns zunutze machen. Wir haben die Angewohnheit, durch unser eingeschränktes Denken und unsere Unwissenheit über uns selber uns von unserem Außen, über unsere innere Unsicherheit, noch mehr verunsichern zu lassen, aufgrund unserer Suggestion den Thematiken, die uns beschäftigen, gegenüber. Wenn wir ein Symptom haben und uns schlecht fühlen, dann wissen wir sehr oft nicht, an was dies liegt, genau so ging es mir zuvor auch und das ist sehr belastend in gewissen Situationen. Durch die Freilegung meiner inneren Reichtümer, mit dem Resetten meines ganzen Seins, also indem ich meinen Körper, Geist und Seele befreite von allem Ballast und gleichermaßen mir ständig mehr Wissen aneignete, auch über Anatomie, die uns ja umgibt in uns und uns ausmacht, kann ich Symptome wie Signale meines Körpers sehr gut einschätzen und schnell beheben.

Sobald sich dein Alltag so leicht anfühlt, wie wenn du sinnbildlich mit entspannender Musik durch den Wald läufst, der mit Sonne durchflutet ist, im Hintergrund das Vogelgezwitscher hörst, nebenbei das Rauschen eines Baches wie auch des Windes, der durch die Blätter weht, mit dieser Leichtigkeit und Gelassenheit in deinem inneren Wohlbefinden, bist du auf dem richtigen Weg zu deinem besten ICH. Es ist schwierig dieses Gefühl in ein Buch zu transportieren, so dass man verstehen kann, was in einem passiert, jedoch kommt diese Beschreibung diesem Gefühl sehr nahe.

(Empfehlung Buch Brianna Wiest „101 Essays, die dein Leben verändern werden“ – in diesem Buch kannst du viele Antworten finden, zu Dingen, die dich blockieren und warum, einfach und verständlich erklärt.)

Notiere Ideen, die dir kommen, auch Verbesserungen oder positive Fortschritte, in dein Tagebuch oder Erfolgsjournal.

14.

Bücher und seine Autoren

Um es nochmals zu verdeutlichen, mein Buch ersetzt kein anderes Buch, denn ich habe auch genauso wie jeder heutzutage mit Unterstützung von anderen Coaches oder Autoren gelernt und meinen Weg beschritten. In der Kombination von Selbsttests, Selbstanalysen, Studien, Hörbüchern, Lesen und das intensive Arbeiten mit Büchern, aller in diesen Bereich fallenden Themen wie noch vieles mehr, hatte meine Entwicklung stattgefunden. Ein mentales Erst-Labyrinth der Entwicklung bis hin zur Klarheit in Form eines Buches, mein Buch. Ich bin lediglich durch die ganzen jahrelangen Prozesse in Kombination von meinen Vorfahren, den Autoren von heute und meinen persönlichen Erfahrungen auf die Idee und vereinfachte Formen gestoßen, was ich jetzt hier niederschreibe, um es mit euch zu teilen und euer Wachstum zu unterstützen. Ich war zuvor genauso wenig offen für äußere Meinungen und Hilfen, weil man zu stolz ist, um sich einzugestehen, dass man es bis dato nicht weitergebracht hat. Mein Ziel ist es, so viele wie möglich wieder auf den richtigen Weg zu bringen, in reiner Form. Dich dazu bringen das Richtige zu tun für dich und damit auch den Kopf freihast für alles, somit schlussendlich auch für dein gesamtes Umfeld, denn jenes wird dies im Nachhinein gutheißen. Und wie ich das Rad nicht neu erfunden habe, hat auch kein anderer Autor das Rad neu erfunden. Jeder Autor erzählt aus seinem Blickwinkel, aus seiner Sicht und die seiner mit dieser Thematik intensiver Auseinandersetzung, in Kombination von deren Vorfahren, aller für diesen Bereich wichtigen Punkten.

Und jeder erschafft damit ein Meisterwerk auf ihn ausgerichtet, auf seine Art und Weise.

Je mehr wir für uns tun und eine Harmonie schaffen im Gleichgewicht, desto mehr ist es uns möglich auch die Welt wieder in einen besseren Zustand zu versetzen. Da die heutige Gesellschaft nur noch die Worte von Geld versteht, müssen wir uns eine Stimme verschaffen, die unterstützt mit Geld verstärkt wird. Mit diesem Geld können wir dann Brücken schaffen und die Schattenseiten der Menschen befriedigen. Danach den Weg mit Wohlwollen und Wertschätzung beschreiten.

Jedes Buch ist für sich stark, jedoch im Team sind wir stärker, das ist meine Ansicht. Darum schaffe ich hier Verbindung, so muss ich nicht auf jedes einzelne Thema selber bis aufs kleinste Detail eingehen und ich bin nicht der Profi in allem, somit schaffe ich Brücken. Die Verbindung entsteht, weil ich mit meinem Buch die Strategie und den Leitfaden zur Verfügung stelle, für diejenigen, die es ohne nicht schaffen würden. Und davon gibt es viele, denn ich war auch einer davon und es gab sehr viele Gleichgesinnte.

Jedes Buch hat seinen Wert, jedes Buch hilft, es muss nur seine Gleichgesinnten finden. Nicht der Autor und niemand sonst kann einen anderen Menschen dazu bringen sich für dieses Buch zu interessieren, man kann lediglich jemanden aufmerksam machen und Tipps geben auf eine zurückhaltende Weise. Wenn der Blickwinkel des Menschen den Stand hat, dass es ihn auf irgendeine Weise anspricht, dann wird er dieses Buch lesen und sich damit identifizieren können oder auch nicht oder zumindest teilweise.

Wichtiger Tipp, spare nicht für deine Entwicklung, für deine lebenslange Verpflichtung solltest du investieren in Bücher und Hörbücher.

Tipps von einigen Autoren, die ich nutzte für meine Entwicklung. Alle Themen, die im Buch vorkommen, sind hier vertreten:

- **Dr Joseph Murphy:** Die Macht des Unterbewusstseins, Das Erfolgsbuch
- **Anthony Robbins:** Grenzenlose Energie – Das Powerprinzip
- **Bodo Schäfer:** Die Gesetze der Gewinner, Der Weg zur finanziellen Freiheit, ICH KANN DAS
- **Brian Tracy:** Millionen schwere Gewohnheiten
- **T. Harv Eker:** So denken Millionäre
- **John Kehoe:** DIE GEHEIMNISSE inneren & äußeren Reichtums
- **Kurt Tepperwein:** Erfolg & Wohlstand, Loslassen, was nicht glücklich macht
- **Jochen Mulfinger:** Ich kann ... muss aber nicht
- **Neale Donald Walsch:** Gespräche mit Gott 1
- **Rachel Poulton:** Philosophie Kompakt
- **Dr. B.J. Fogg:** Die Tiny Habits Methode
- **James Clear:** Die 1 %-Methode
- **Brianna Wiest:** 101 Essays, die dein Leben verändern werden
- **Dominik Spenst:** Das 6 Minuten Tagebuch, Das 6 Minuten Erfolgsjournal
- **Gregor Hasler:** Die Darm-Hirn-Connection
- **Thomas Frankenbach:** Dein innerer Ernährungsberater
- **Alessio Rammer:** Stimulieren Sie Ihren Vagus Nerv
- **Reinhard Haller:** Das Wunder der Wertschätzung
- **Hale Dwaskin:** Die Sedona Methode
- **Brigitte Hamann:** Aminosäuren, Zirbeldrüse
- **Dr. med. Heike Buess-Kovacs:** Der Vagusnerv
- **Tim S. Grover:** Relentless/Kompromisslos
- **Napoleon Hill:** Denke nach und werde reich
- **Dr. med Yael Adler:** Hautnah

- **Dr. med. Christine Löber, Hanna Grabbe:** Immer der Nase nach
- **Yuval Noah Harri:** Eine kurze Geschichte der Menschheit
- **Simon Sinek:** Frage immer erst: warum. Finde Dein Warum

Tagesablauf als Zeitmillionär, Inputs querbeet

Ich musste mir zu Beginn auch erst klar werden, was dies jetzt bedeutet, ich habe alle Zeit für mich und es jedem mitgeteilt, also kann ich ohne schlechtes Gewissen meine 2 Jahre für mich schrittweise planen. Jedoch merkte ich schnell, wie befreiend das ist, ich habe nicht nur 2 Jahre, sondern auch niemand, der mir in diesen 2 Jahren unnötig Zeit rauben wird, auch wenn dies nicht böse gemeint ist, es ist Qualitätsdenken in meiner Entwicklung und dies befreit. Denn ich kann auch in 2 Jahren wieder meine Leute vermehrt treffen, jedoch mit einem soliden Fundament, das ausgemistet ist und mit dem ich voll und ganz meinen Weg vorbereitet habe, ausgerichtet mit lebenslangem Lernen und Weiterentwicklung. Klar bei mir ist eines zum anderen gekommen, dennoch dank dieser geführten Ereignisse, die keinesfalls Zufall waren, hatte ich diese durch die Suche und positives Denken angezogen. Da hatte ich plötzlich alles klar vor Augen und ich kannte meinen Weg, über das Buch, das ich sofort angefangen hatte, mir dafür Notizen zu machen, ab Tag eins, um es dann auch an alle weiterzugeben. Ich wusste es in mir, jedoch für sehr viele Punkte im Buch, bekam ich auch erst auf dem Weg die Bestätigungen dazu.

Inputs, Anregungen & Tipps: Optimal 70 % wasserhaltige Nahrung im Menü, also viel Gemüse, Salat und Früchte, jedoch Früchte nur auf leeren Magen, bestenfalls, wegen Gärungsprozess (morgens auf leeren Magen beispielsweise). Gut kauen, 25–50x je nach Nahrung, bis breiige Masse entsteht, fast flüssig. Vor dem Schlafen nichts mehr essen, um die Erholungsphase des Körpers besser zu gewährleisten. Weniger auf dem Teller, also weniger Essen = weniger Erkrankungen und längeres Leben. Aminosäuren sind essenziell, also Hauptbedarf darf mit Presslingen 98% Verwertung, nur 2% Abfall optimal, deckt Großteil Tagesbedarf. Proteine nicht übermäßig einnehmen, wir nehmen gerne zu viel Proteine zu uns, um Muskeln aufzubauen, jedoch braucht es meistens nicht so viel, wie man denkt. Über Fleischproteine steigt der Harnsäurespiegel. Proteine größtenteils über Pflanzen aufnehmen oder Bohnen, Linsen wie auch andere Hülsenfrüchte, dann Jogurt, Quark, Eier und Hartkäse (enthalten keine Purine), da Säure von Fleisch nur schwer abzubauen ist (auch bei mir ging es länger, bis die Menge des Harnsäurespiegels abgebaut war, gereinigt durch richtige Ernährung in Balance). Intervallfasten 16:8, sehr effizient. Bear Grylls „Wie weit gehst du?", Erklärung: eine Sendung, bei der es darum geht seine Ängste zu überwinden, indem man sich ihnen stellt und sie so überwindet, sehr effektiv, dementsprechend umso eindrücklicher (das zeigt auch, dass wir uns zu sehr einengen, mit dem Lösen dieser Angst löst man sehr viele andere Bereiche).

Kiefer proaktiv mental entspannen, Körper, alle Glieder, Muskeln, Organe proaktiv entspannen, dies kann man verteilt über den ganzen Tag machen, Mal kürzer, mal länger, mit der Kontinuität schafft man hier eine enorme Gelassenheit in sich (jede Minute, Sekunde ausnutzen, statt Langeweile zu haben ;) ...). Je mehr Achtung und Respekt man jedem Lebewesen, auch Tieren, entgegenbringt, desto mehr Selbstachtung bleiben einem erhalten. Atemübungen aller Art praktizieren, denn Atmung ist so wichtig! Beispielsweise beim Autofahren sehr geeignet, Einatmen und doppelt so lange ausatmen, ganz einfache Übung. Auch Entspannung während des Autofahrens sehr gut, gleichzeitig mit Hörbuch hören, vielleicht sogar geführte Atemübungen oder sonstige gewinnbringende Hörbücher für deine Entwicklung, privat wie beruflich. Gerader Rücken, auch ein ganz wichtiges Thema, allgemein auf Körperhaltung achten. Joggen mit geradem Rücken, Körper entspannen lernen, Schultern zurück, Brust raus. Jedes Wetter hat seine positive Seite, lege darauf den Fokus. Morgenroutine und Abendroutine erarbeiten. Tägliches Dehnen und Selbstmassagen auch in kleinen Schritten einbauen, jedoch den ganzen Körper bestmöglich berücksichtigen mit (Blackroll klein, groß, Kugel, verschiedene), fördert den Kreislauf wie Energie-

und Blutfluss, alles wird nach und nach freier und man fühlt sich leicht wie eine Feder mit der Zeit. Beim Eincremen kombinieren mit Massagen Richtung Herz, Arme, Beine und Oberkörper, so gut wie möglich ... jeden Tag sich langsam aneignen. Wechseldusche, warm, kalt, warm, kalt oder auch erst warm und ganz zum Schluss kalt duschen (zum Duschen Entspannungsmusik laufen lassen, unterstützt das Loslassen). Gute Fette wie z. B. Walnuss Öl, Leinöl, Oliven Öl, Omega 3 Fettsäuren wie im Lachs vorhanden sind, Samen, div. Kerne, Leinsamen, Algen, Avocado, Walnüsse. Vegane Fleischersätze, somit öfters auf Fleisch verzichten.

Glaube: Glaube an dich, glaube an deinen Weg und entfache das brennende Verlangen in dir.

Schlusswort

So, jetzt sind wir am Ende dieses Buches angekommen und mitten in deinem Prozess für deine erfolgsgeprägte Zukunft, die du mit der richtigen Vorgehensweise und intensiven Auseinandersetzung in deinem Tempo als Zeitmillionär erreichen wirst. Ich würde mich freuen, wenn wir uns mal persönlich begegnen und du mir deine Erlebnisse auf deinem Weg des Passepartout erzählst und mich daran teilhaben lässt. Ich freue mich auf viele Gleichgesinnte, die sich für ihren Weg des Passepartout entscheiden und ihre perfekte Zukunft, ihren Vorstellungen entsprechend, gestalten und umsetzen.

In diesem Sinne bis demnächst, ich freue mich auf dich!

Der Autor

Daniel Bosshard wurde 1978 in Zürich geboren, lebt aber mittlerweile im Kanton Aargau. Nach dem Realschulabschluss machte er zunächst eine Lehre als Autolackierer, sattelte aber dann um zum Gefängnisaufseher. Seit 2018 ist er als Personaldienstleister tätig, mittlerweile als Filialleiter in Basel. Schon von Anfang an war Daniel Bosshard im Leben auf der Suche nach großer Zufriedenheit. Stand die ersten Jahre die Sehnsucht nach einer Profikarriere im Eishockey im Zentrum (bei der er es immerhin in die 2. Liga brachte), waren die darauffolgenden Jahre mehr dem Weg zu sich selbst gewidmet. Was er auf diesem Weg gelernt hat, beschreibt er in seinem Buch „Passepartout". Begonnen mit dem Schreiben hat er während des Lockdowns im Dezember 2020, als er situativ noch mehr Zeit erhielt und zum Reflektieren kam. Neben dem Schreiben liest er viel in seiner Freizeit bzw. konsumiert Hörbücher. Außerdem ist er weiterhin dem Sport treu geblieben.